公路隧道缺陷衬砌承载力研究

张　森　侯效伟　李华朝　著

上海交通大學出版社
SHANGHAI JIAO TONG UNIVERSITY PRESS

内 容 提 要

本书主要在对117座公路隧道检测报告全面审视的基础上，深入研究隧道衬砌缺陷及其对隧道力学性能的影响，分析公路运营隧道典型质量缺陷特征。本书通过建立1∶1典型的隧道缺陷衬砌模型，利用二维、三维地质雷达进行检测，获得标准雷达图谱，针对公路隧道选择典型质量缺陷及病害工况，采用室内1∶5大比例尺模型试验，研究含病损衬砌结构的受力变形规律及承载性能，分析病损对隧道结构力学性能的影响机制。

本书主要适用公路隧道建设的科研及建设人员参考学习使用。

图书在版编目（CIP）数据

公路隧道缺陷衬砌承载力研究 / 张森，侯效伟，李华朝著 . -- 上海：上海交通大学出版社，2025.

ISBN 978-7-313-31028-6

Ⅰ . U459

中国国家版本馆 CIP 数据核字第 2024YZ1646 号

公路隧道缺陷衬砌承载力研究

GONGLU SUIDAO QUEXIAN CHENQI CHENGZAILI YANJIU

著　　者： 张　森　侯效伟　李华朝
地　　址： 上海市番禺路 951 号
出版发行： 上海交通大学出版社
电　　话： 021-6407 1208
邮政编码： 200030
印　　制： 武汉乐生印刷有限公司
经　　销： 全国新华书店
开　　本： 700mm × 1000mm　1/16
印　　张： 10
字　　数： 152 千字
版　　次： 2025 年 1 月第 1 版
印　　次： 2025 年 1 月第 1 次印刷
书　　号： ISBN 978-7-313-31028-6
定　　价： 78.00 元

本书编委会

主　编　张　森　侯效伟　李华朝

编　委　王志奇　蔡一超　李晓猛　成永良　张艳丽　谢济铭
李　俊　李卓伦　杨　谦　张　玲　张绍兵　黄　敏
詹　松　刘忠武　段莉生　郭　华　杨　勇　洪　毅
王　云　华国良　曾江平　罗　平　尹伟刚　张　慧
刘　敏　李爱玲　陈健聪　杜龙才　应道喜　杨　森
刘　兵　雷碧俊　余俊南　白金海　李少春　李太峰
司政有　李　靖　陈俊军　周延鹏　李节临　罗　瑛
罗玉艳　文　瑶　梁　军　和　琳　朱云波　殷彩玲
李　宁　阿西平　赵小洁　徐以升　魏孔昱　徐恩慧
李　懋　王梦婷　罗苍健　段　烨　蒋子怡　丁　倩
王思玮　李　桃　李　懿　王　航　高瑞峰　姜　超
单　君　凌　俊　马　锐　杨雁斌　贺亦彭　姜　男
赵　峥　杨成智　董金丽　冯林龙　李子康　杨　飞
卢一伟　张　明　黄　勇　娄　斌　吴婉银　王嘉才
姜吉湘　朱绍庄　陈　刚　罗志华　钱　恺　王秋丽
廖振宇　陈兴平　修相玉　崔荣星　段华珠　徐家卫
熊世林　李银翠　陶晓龙　董　帅　李光恒　刘以彪

前言

隧道是一种用于交通的地下通道。随着社会经济的发展、公路科技的进步，我国公路隧道的数量、规模、发展速度等方面都在国际上首屈一指。经过长期的发展，目前我们在隧道运营与养护方面面临着严峻的挑战，特别是在我国西南地区，由于施工环境较差，施工难度大，相比其他地区，隧道建设质量较难控制，而且更容易产生各种质量缺陷，服役状况也堪忧。由于国内外发生多起隧道安全事故，公路隧道缺陷衬砌承载力随之越来越受到交通管理部门的广泛关注。

本书是依托云南省交通运输厅科技项目“公路运营隧道病害评价与处治技术研究”〔云交科教2016（A）01〕、“基于深度视觉智能的交通量调查设备关键技术研究与应用”（项目编号 2022-23-03）和“普通国省干线公路事故多发路段交通运行风险智能仿真及精细化防控技术研究”课题的研究成果撰写而成。本书在章节安排上力求循序渐进，在内容上尽量贴合工程实际。全书综合运用现场检测、室内试验、理论分析、数值模拟、综合研究等手段，深入系统地介绍了云南省公路运营隧道的衬砌缺陷及其对隧道力学性能的影响，从衬砌质量缺陷对结构力学性能影响的角度出发，获得隧道承载力快速、准确计算的方法。

本书的主要内容可以分为四个部分：第一部分是对公路隧道典型质量缺陷特征进行统计分析；第二部分是对1:1原型材料衬砌试件进行多种缺陷衬砌模型的试验设计；第三部分阐述缺陷对 NC 衬砌和 RC 衬砌隧道力学性能影响；第四部分主要介绍一个可以快速计算衬砌承载力损失率的机器学习工具箱。

本书在撰写过程中得到了云南省交通运输厅、昆明理工大学、云南大学相关科研人员的支持和帮助，在这里向他们表示衷心的感谢。同时作者参考了许多专家和学者的论文、著作和研究成果，在这一并表示衷心的感谢，特别对未被列入参考文献的一些资料的原创作者致歉并感谢。

由于作者水平有限，书中难免有欠妥之处，敬请读者批评指正。

目录

第 1 章　理论研究基础

1.1　研究背景及意义

1.1.1　我国公路隧道现状

进入21世纪后，随着《国家公路网规划（2013—2030年）》的出台和“一带一路”倡议的推进，我国交通基础设施建设进入了迅猛发展时期。据交通运输部《2018年交通运输行业发展统计公报》[1]，截至2018年底，我国公路总里程由2017年的477.34万km，增加到484.65万km，同比增长了1.53%。图1.1绘制了自2000~2018年近20年来我国公路隧道规模和总里程的发展变化情况，从图1.1可以看出截至2018年，中国公路隧道共计17 738座，比2017年增加了1 509座，同比增长了9.3%，长度由2017年的15 285.1 km增加到17 236.1km，同比增长了12.76%，从增长的数量和长度对比分析来看，长、特长隧道在公路隧道中的占比越来越高。自2010年以来，我国公路隧道年均新增里程1 100 km以上，目前我国已经成为世界上公路隧道数量最多、建设规模最大、施工周期最短、穿越地质条件最复杂、受外部环境条件影响最多和采用的结构形式最丰富的国家[2]。最新修建的公路中，特别是在我国西部山区，为保障行车安全，改善行车舒适性、快捷性，提高公路通行效率，缩短时空距离，保护环境，建设了大量的隧道，但受地形条件制约，长、特长隧道的数量和长度在路线总里程中的占比也越来越高。表1.1统计了2014~2018年5年来中国长、特长公路隧道的建设规模和长度。由表1.1可以看出截至2018年，中国特长公路隧道有1 058座，占公路隧道总数的5.96%，长4 706.6 km，占公路隧道总长的27.3%；长公路隧道4 315座，占公路隧道总数的24.32%，长7 421.8 km，占公路隧道总长的43.06%[3]。

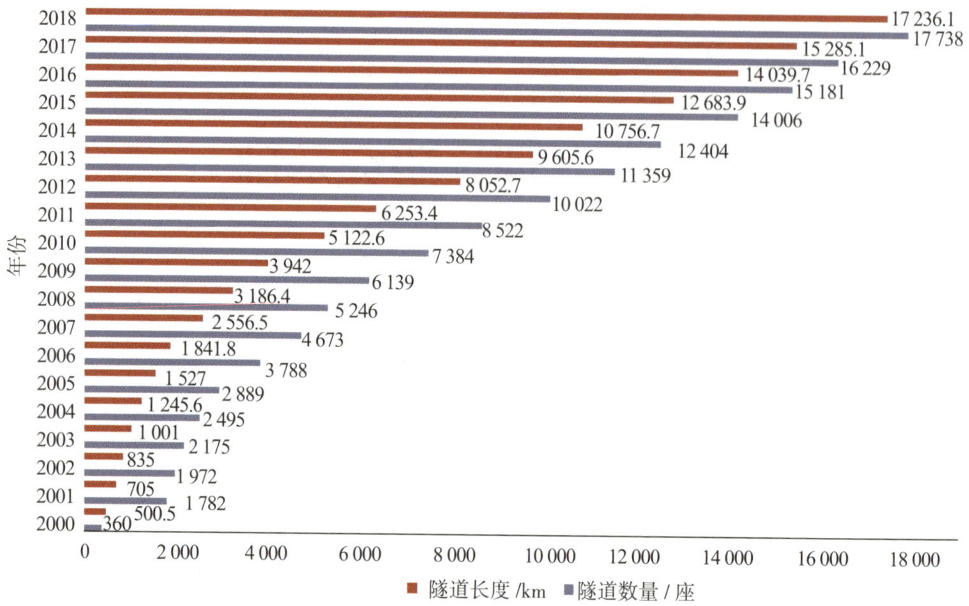

图 1.1　2000~2018 年中国公路隧道规模和长度增长情况

表 1.1　2014~2018 年中国长、特长公路隧道规模

年份	长隧道		特长隧道	
	数量 / 座	长度 / km	数量 / 座	长度 / km
2014	2 623	4 475.4	626	2 766.2
2015	3 138	5 376.8	744	3 299.8
2016	3 520	6 045.5	815	3 622.7
2017	3 841	6 599.3	902	4 013.2
2018	4 315	7 421.8	1058	4 706.6

1.1.2　云南公路隧道现状

云南省地处云贵高原，属于山岭重丘地区，地质环境复杂多变，公路隧道建设经历了以下几个主要阶段[4]。

（1）新中国成立前，云南省是抗日战争的大后方，受独特的地理位置、特殊的自然环境、复杂的地质条件和落后的社会经济限制，云南公路路网密度低，仅有的公路大多为技术等级低、路况差的低等级公路和等外公路。新中国成立时，云南公路隧道建设还是一片空白。

（2）新中国成立至1990年，因地质条件、经济条件、技术水平、设计理念等的限制，近40年的时间云南省步履蹒跚地修建了5万多千米的公路和24座公路隧道。隧道总长为2 298.83m，占公路总里程的0.005%，并且这仅有的24座公路短隧道并不是公路建设过程中修建的，而是工人利用钢钎、火药在被遗弃的铁路隧道、矿山隧洞基础上修建成的。这24座隧道的特征为净高低（≤5m）、净宽窄（4.5~6.5m）、断面面积小、长度短，全部处在工程地质条件很好的地段，没有穿越过一个不良地质体。另外，这些隧道建设大多没有进行严格的设计，部分隧道仅在开凿矿山法基础上喷锚修筑而成，没有进行模筑混凝土衬砌，更没有建设通风照明设施。

（3）1990年后，安（宁）至楚（雄）汽车专用二级公路的修建，带领云南地区公路隧道建设进入新时期。这条二级公路上的5座隧道，培养出云南公路隧道专业设计人才和施工队伍。随着楚（雄）大（理）、玉（溪）元（江）等高速公路的建设，隧道数量、长度的增加，云南地区隧道施工进度、管理水平都得到了很大的提高，隧道勘察、设计、施工、管理等能力也获得了显著增强。云南省2018年《公路路线基本情况明细表》（交公路25表）中的统计数据显示，截至2018年，云南省普通国省道、农村公路和专用公路上共有隧道1 095座，长948 788m，隧道长度统计见表1.2，土建结构技术评定等级统计表见表1.3，隧道修建年度统计见表1.4。

表1.2　云南省隧道按长度统计（截至2018年）

长度	数量 / 处	长度 / m	长度占比 / %
特长隧道	46	174 462	18.39
长隧道	251	445 322	46.94
中隧道	258	184 556	19.45
短隧道	540	144 448	15.22
合计	1 095	948 788	100.00

表1.3　云南隧道按土建结构技术评定等级统计

技术等级	数量/处	长度/m	长度占比/%
一类	661	616 322	64.96
二类	279	189 395	19.96
三类	105	82 972	8.75
四类	15	8 218	0.87
五类	1	420	0.04
未评定	34	51 461	5.42
合计	1 095	948 788	100.00

表1.4　云南隧道按其修建年度统计

修建年度	数量/处	长度/m	长度占比/%
2000年以前	45	8 145	0.86
2000（含）~2010年	414	263 867	27.81
2010年（含）以后	636	676 776	71.33
合计	1 095	948 788	100.00

注：表1.2~表1.4统计的隧道范围为普通国省道、农村公路和专用公路。

通过对比云南省与全国隧道的相关数据可以看到，具有“地质博物馆”之称的云贵高原地区公路及铁路建设中的隧道工程居全国前列[5]。这主要有三个方面的原因：一是2000年后随着国民经济的快速发展，国家有充足的财力、物力保障交通基础设施大规模建设；二是隧道长度占公路里程的比例快速升高，这不仅与高速公路的设计指标有关，主要是因为国家对环境保护和水土保持的要求越来越高；三是公路建设中“安全、快速、绿色”理念的增强。特别是随着国家环境保护相关法律法规的实施，隧道在公路中的占比越来越高。

1.1.3　公路隧道的安全

公路隧道衬砌支护分为初期支护（简称初衬或者初支）和二次衬砌（简称二衬）。由于受围岩裂隙和爆破技术水平的制约，隧道爆破开挖后，一般呈现出形状不规则的开挖面，首先需要通过喷射混凝土来填补其凹凸不平的表面。其次通过网片、锚杆、钢支撑与喷射混凝土的联合运用进行早期支护，即称为初期支护。最后在隧道内搭设模板、铺设土工布和防水板、绑扎钢筋、浇筑一定厚度的混凝土，最终形成光滑整齐的隧道内表面，并作为永久结构承担围岩压力和其他荷载的作用，即为二次衬砌。二衬作为一定厚度的模筑混凝土，在阻止围岩变形、防止局部垮塌等方面起着至关重要的作用，其结构的稳定性和足够的承载能力直接决定着隧道施工期及运营期的安全性和隧道的使用寿命。

日本、美国等国在隧道建设方面起步较早、经验丰富，这些国家均发生过教训惨痛的隧道安全事故。1999年6月，日本山阳新干线福冈隧道拱肩部位的衬砌混凝土发生剥落，砸坏了经过此处的火车上方的线缆，造成该列车破坏的重大安全事故。同年10月，该线路北九州隧道的边墙上端又发生衬砌混凝土掉块事故。1999年11月28日，已经正常运行20多年的日本礼文滨高速铁路隧道（1.2km，修建于1975年），在经过日本北海道铁路公司的专业技术人员检查的10天后，一列火车撞在离洞口240m处的隧道顶部掉落的2.5m长、3m宽的混凝土块上，而发生脱轨事故[6]。2006年7月，美国波士顿中央隧道约12 t的拱顶混凝土突然掉落，酿成一死一伤的严重事故。2012年12月，日本东北部中央高速公路右幅笹子隧道，拱顶长约130m范围内混凝土塌落，用金属零件和钢材吊顶的330块混凝土顶板（约360吨）掉落造成 9 人死亡、 2 人受伤、 3 辆车被砸[7]。

国内近年来也发生了数起隧道衬砌安全事故。2000年9月滨洲线（哈尔滨—满洲里）兴安岭隧道右幅发生二衬混凝土塌落事故。2001年11月达成线蓬溪—大通间段万山寺隧道在K148+050处出现顶部混凝土垮塌事故，致使交通中断。2001年12月宝中线的清凉山隧道进口附近K0+175~K0+178范围内衬砌混凝土剥落，所幸被提前发现才未造成生命财产损失。2003年5月，湖南浏永公路的蕉溪岭 1 #隧道K2+000处拱顶约200kg的混凝土掉落，值得庆幸的是事故发生在深夜，过往车辆及时告知收费站工作人员，未造成生命财产损失。2010年6月，正在武汉长江隧道正常行驶的汽车被上方掉落的注浆材料砸中，造成汽车天窗破裂，所幸无人员伤亡。

国内外这些惨痛的事故凸显出衬砌安全的重要性，同时从这些事故中可以看出，隧道衬砌混凝土开裂剥落或者注浆材料的掉落是运营隧道发生概率最高的事故类型，严重威胁隧道运营安全。众所周知，当衬砌混凝土因应力集中，不能抵制外力作用时便发生开裂现象，一旦这些裂缝贯通，完整的衬砌混凝土将被切割成大小不等的相互分离的块体，在隧道内流动空气的挤压和车辆通过时的震动以及衬砌背后围岩变形的共同作用下，这些块体将随时掉落下来。从学者对世界各国隧道衬砌检测所统计的病害数据可知，衬砌裂缝是隧道衬砌外观表现出的最主要和最常见的一种病害，而这些裂缝的产生、发展和贯通最初的起因在于衬砌厚度不足或者衬砌背后存在空洞等衬砌质量缺陷。

1.1.4 隧道质量缺陷诊断方法研究的重要性和必要性

文献调研发现，由于在隧道修建的勘察、设计、施工和运营、维护、管理等不同阶段的诸多环节中存在较多的影响因素，加之隧道工程大多为隐蔽工程，以及施工管理的不到位，建成交付后的隧道往往存在着不同程度的质量缺陷。其中，隧道二衬常见的病损包括隧道衬砌质量缺陷（如厚度不足、内部空洞、强度不足、钢筋露筋、层间脱空、混凝土离析、钢筋型号及间距与设计不符等）和病害（如钢筋锈蚀、衬砌裂缝、衬砌渗水、衬砌碳化、仰拱反水、仰拱底鼓开裂等）两大类[8,9]。隧道质量缺陷是指在施工过程中，由于施工技术的限制、围岩性质的变化等因素引起的超挖、欠挖，导致隧道质量不达标的情况发生。隧道质量缺陷虽然属于先天不足，但是大部分是由施工所致，可通过提高施工人员技能和加强管理以避免和消除。通过调查发现大部分的隧道病害是由质量缺陷直接导致的[11]。隧道衬砌质量缺陷和病害的存在，像一颗炸弹一样埋设在隧道里。对于表观正常的运营隧道，一旦发生衬砌塌落事故，通常会带来极其严重的交通事故，同时造成重大的生命财产损失。因此，对运营公路隧道衬砌缺陷影响机理与承载力进行深入研究非常有必要。

运营隧道检测技术、缺陷结构安全性的定量评价及处治技术，是工程技术人员亟须解决的问题之一。但是，我国关于隧道质量缺陷及病害的相关理论研究相对滞后，造成在公路隧道建设中遇到的工程技术难题均没有得到很好的解决，大多数检测发现的隧道质量缺陷的处置，仅仅依靠工程师们的主观判断和经验进行设计和维修加固，缺乏相关的理论支撑，这严重制约了我国隧道工程技术的进步[4]。因此，先要研究清楚隧道衬砌典型质量缺陷对隧道结构服役性能，特别是隧道衬砌承载力的影响机理，再准确地检测出缺陷的类型、判断出其所在的位置、准确探测出其尺寸的基础上，才可以制定有效、合理、经济的隧道质量缺陷处置措施。通过控制隧道病害的产生和发展，可以将隧道病害影响降到最低，进而延长隧道的使用寿命，减少隧道运营事故的发生，保障过往车辆及人员的生命财产安全。隧道质量缺陷问题虽已得到相关部门的高度重视，在隧道建设过程中也通过招标有资质的第三方对隧道的关键工序进行质量检测，但受检测手段和数据分析人员专业水平的限制，雷达图像的正确解译也受到影响。因此，建立典型隧道衬砌缺陷标准图谱，确保准确识别衬砌缺陷，深入研究衬砌缺陷影响机理，开展隧道缺陷衬砌承载力研究已经迫在眉睫，且具有重要的理论和实践意义。

云南地处我国西南地区，其公路隧道相对于国内其他地区公路隧道有其特殊性。受亚热带高原季风的影响，云南雨量充沛且季节性较强，强烈的构造作用加速了断层活动、节理裂隙发育、岩体风化剥落和水系的发展，进而为该地区碳酸盐岩的岩溶发育提供了条件。由于隧道所处的地质环境较为复杂，施工环境较差，施工难度较大，相比其他结构而言，隧道建设质量较难控制，并且更容易产生各种质量缺陷，隧道建设难度更大，质量问题较为突出，服役状况堪忧，因此，亟须了解该地区公路隧道服役的整体状况，建立典型病害特征及其分布规律的数据库，以便为交通管理部门决策提供依据。同时，云南处于高烈度地震区，质量缺陷的存在也将成为隧道抗震的薄弱环节，这些都是当前隧道运营与养护面临的严峻挑战。因此，根据准确的检测结果，实现病害隧道缺陷衬砌承载力的定量评价，才能准确分析出隧道的真实服役现状[3]。

1.2　国内外研究现状

目前，国内外一些专家学者已对隧道质量缺陷问题作了一些研究，主要包括理论分析、现场测试及试验、室内模型试验、数值仿真4个方面；研究内容主要有：①隧道质量缺陷检测技术；②隧道衬砌缺陷成因、分类及评价；③隧道质量缺陷下的力学性能；④缺陷衬砌承载力研究。

1.2.1 隧道质量缺陷检测技术

隧道质量缺陷是指施工过程中未按设计标准施工而产生的缺陷，隧道质量缺陷是隧道病害的内在诱因。因此，对隧道质量缺陷准确检测尤为重要，只有准确识别出衬砌质量缺陷，获取到其相关参数，才能识别隐患的根源。

20世纪90年代以来，随着检测技术的发展，隧道质量缺陷的检测方式越来越多样，所以将隧道衬砌厚度、壁后空洞及回填情况等方面的隧道质量缺陷检测分为破损检测和无损检测两大类。破损检测一般较少采用，主要原因在于如下两个方面：一是容易破坏隧道的原有结构层，打穿防水板，这些不仅是难以恢复的，而且会影响隧道的使用寿命；二是难以反映结构的整体质量。相比之下无损检测具有对结构损伤小、检测可靠度高、检测速度快、检测成本低等优点[12,13]，从而在隧道质量缺陷检测中获得青睐。无损检测方式主要有地质雷达法、声波反射法、回弹冲击波法、红外线热成像检测等。依赖无损检测手段既能保证检测结果的客观性和精确性，又能大量节省成本。因此，提高了隧道衬砌质量检测的效率。

1. 探地雷达检测技术

地质雷达法（又称探地雷达法）是隧道衬砌质量检测中最常用的方法。地质雷达法根据测试对象和测试目的不同，选用不同的雷达天线对目标体实施连续扫描，实时获得雷达图谱，可用于衬砌厚度、内部空洞、脱空区尺寸、衬砌背后空洞等隧道质量缺陷的检测[14]。

陈礼伟（2003）对地质雷达法应用进行了研究，将现场数据采集及资料后处理分析作为两个阶段[15]。Liu等（2010）详细介绍了如何在隧道衬砌测试中使用探地雷达，以及探地雷达的探测、偏好和波形分析等[16]。Cardarelli等（2003）使用地震层析成像和探地雷达综合检测技术对意大利某隧道进行了探测，分析了围岩的弹性特性和不连续性，探测了松散区的范围[17]。

随着研究的深入，大量的研究人员在缺陷诊断方面取得了大量的成果。喻军等（2008）基于探地雷达的工作原理，深入分析了图像特征与工程缺陷的对应关系，如与衬砌空洞及尺寸、混凝土密实状况、衬砌厚度，以及与系统锚杆、钢筋网片和钢支撑间距的关系，为检测人员对雷达图像的判释提供了参考[18]。

Sagnard等（2010）开发了一种专用于土木工程井间或地面探测的原始宽带天线地下成像雷达，并对表面雷达进行了实验验证[19]。另外，多元传感器检测方面，Leucci等（2012）通过探地雷达和时域反射仪数据融合的方式估算出了土壤介电常数，提出了一种介质介电常数的估算方法[20]。

2. 图像检测技术

目前，隧道衬砌裂缝的传统检测方法主要以肉眼观察为主，其主要缺点包括工作量大、环境差、效率低、主观性强和衬砌拱部不易检测到等。图像检测技术的难点在于图像的拼接和衬砌裂缝的自动快速识别，该方法的提出可以有效地消除传统检测方法的缺点，该技术包括目标图像的提取、分析、判别、处理、输出和显示检测结果等。

随着计算机和智能视觉技术的发展，图像自动判读技术在隧道衬砌裂缝检测中的应用得到了研究人员的拓展。Yu等（2007）研发出了混凝土裂缝检测系统，该系统使用CCD相机对结构表面裂缝进行自动采集和测量，并可以自动标识裂缝存在的位置、长度、宽度等信息[21]。Lee等（2007）对隧道裂缝快速检测系统进行了改进，并提出了更客观、准确的裂缝长度和宽度的计算方法[22]。Diamanti等（2010）利用高分辨率的空气耦合地质雷达扫描，采集了路面缺陷、裂缝的几何尺寸与电学特性[23]。刘晓瑞等（2009）从理论上对图像处理和裂缝检测技术进行了详细的阐述，并对相关图像增强和图像分割处理技术进行了分析[24]。

通过改进硬件传感器，研究人员可以进一步改善图像判别能力，王泰典等（2010）提出了利用裂缝检测和动态阈值调整的办法对裂缝区域进行快速搜索，可以得到衬砌裂缝的图像[25]。王平让等（2012）基于线阵相机和光源，重新对移动测试装置进行设计和研究，通过实验测试了光照强度、检测速度、相机像素等因素对装置检测准确度、精度的影响[26]。戴鹏等（2014）将线阵相机和脉冲编码器相结合对裂缝进行扫描，通过控制动力轴的转动实现了等间距运动扫描[27]。黄宏伟等（2014）从检测技术的适用范围、工作效率、结果准确性及后台工作量等方面，将摄像技术和激光扫描技术进行了多维度、详细、深入的对比分析[28]。

3. 红外线热成像检测技术

在隧道衬砌渗漏水的检测方面最成熟、计算最准确、应用最广泛的方法是红外线热成像法。其主要优点有灵敏度高、响应速度快、测量范围宽、非接触测量、测量结果直观形象，相对于图像检测技术而言，在光线暗淡等恶劣条件下仍然可以正常工作。杨晓虹等（2010）通过对不同隧道衬砌实际检测数据的对比，验证了红外热成像检测技术在衬砌渗漏水无损检测领域的实用性，推动了该技术的应用[29]。邓烨等（2014）通过红外热成像技术对隧道工程的防水和渗漏水进行了检测，验证了该项技术在隧道渗漏水检测中具有效率高、精准、操作简单、适应范围广等优点[30]。Asakura等（2003）为了验证红外探测技术在渗漏水检测方面的可行性与准确性，设计了现场物理试验[31]。Clark等（2003）通过现场测试数据，证明了在极端气候的干扰下红外探测技术检测结果仍然准确[32]。程姝菲等（2014）研究了电导率法和温度梯度法在隧道渗漏水检测中的应用，并设计了相关物理实验[33]。李晶哲等（2014）基于红外热成像理论，提出了红外辐射特征修正规律和热图像识别方法[34]。顾天雄等（2017）通过利用红外热成像技术检测在不同缺陷形式下的渗漏水实验，提出了多种缺陷渗漏水流量和缺陷尺寸下红外辐射图像特性及变化特征[35]。

4. 光纤传感器检测技术

光纤传感器是新兴的检测技术，通过与被测目标的相互作用获取被测参数，在缺陷检测方面应用前景广阔。例如，AMBERG公司（瑞士）、SPACETEC公司（德国）、BBK公司（瑞典）等在激光扫描方面作了大量的研究，研发了无损隧道快速扫描检测系统。其优点在于，可以对隧道进行全断面的扫描成像，通过变化的光学性质能准确分析出渗水点的位置和面积大小，测量精度高。近年来的研究热点是利用光纤光栅和分布式光纤进行大坝渗漏水检测。Luc（2008）利用分布式光纤传感器的温度和应变变化数值特征，对严重渗漏部位进行检测和观测[36]。陶珺等（2010）研发了一种多点光纤布拉格光栅传感器结构，并成功实现了对坝体内集中渗漏点的定位和自动监测[37]。上述研究成果有助于提高隧道衬砌无损检测的准确性和检测精度，为准确把握隧道技术状况提供了科学依据。

目前，虽然隧道检测技术种类繁多、各有优势，对隧道衬砌表面病害的检测结果比较可靠，但针对隐性隧道质量缺陷的检测（如衬砌背后空洞检测、衬砌厚度检测等），无论是检测成本、检测效率，还是检测精度等，地质雷达都有着不可替代的优势。尽管如此，地质雷达在区分各介质层之间界面位置的准确性上还有着巨大的提升空间，一些相关的最新研究成果在工程实践中还有待确认其普适性。

1.2.2　隧道衬砌缺陷成因、分类及评价

充分了解缺陷、病害对隧道衬砌的影响并对衬砌安全性进行合理的评价至关重要。由于隧道衬砌质量缺陷产生的原因多样，其客观原因主要因为隧道工程所处地质环境较为复杂，地质环境在隧道纵向分布上差异性大，特别是在云南地区，经常会遇到不良地质条件，此外还受隧道地勘资料、设计理念、施工水平和管养等多方面因素的影响。

张素磊（2012）分析了隧道开挖过程中病害产生的主要成因，并通过大量的现场检测数据，从围岩与衬砌相互作用的角度出发，深刻剖析了缺陷形成的机理[38]。冯岗（2013）对隧道衬砌缺陷的研究成果进行了梳理，将衬砌缺陷的成因和缺陷病害对衬砌结构的影响作为切入点，研究了缺陷对衬砌结构内力和安全系数的影响[39]。孙文龙（2014）对复合式缺陷作了深入研究[40]。周强从隧道衬砌背后空洞缺陷着手，在ABAQUS对缺陷结构的仿真模拟的基础上，分析研究了隧道设计、施工及运营的影响因素[41]。

经统计，目前常用的隧道评价方法有[42-47]专家评价法、运筹学及其他计算机智能评价方法（如层次分析法、模糊综合评价方法、数据包络法等）、新型评价方法（如灰色综合评价方法、神经网络评价方法、云模型相关评价方法等）和DER&U综合评价方法等。

张建伟（2012）将隧道健康等级划分为B、1A、2A、3A，选择衬砌的裂缝、渗漏水、空洞、剥落、净空变形等作为评价指标，采用GRAF和AHP理论建立评价标准（隧道健全度F），建立评价模型，并通过工程实例对模型进行验证[48]。一些学者选取衬砌裂缝、渗漏水、混凝土劣化程度、结构变形、衬砌厚度、顶层剥落等多个参数作为判定指标，提出了用健康值法评估隧道服役

状况，利用乘积标度法计算各层次各指标权重，通过模糊可变法建立了山岭隧道动态评价模型，计算出隧道及地下工程健康值，同时根据健康值得分将其划分为健康、亚健康和病害3个等级[49]。顾军（2006）通过DER&U评价方法选取结构物的裂损程度（degree）、裂损范围（extent）、安全性及服务性影响程度（relevancy）以及维修加固的急迫性（urgency）作为隧道病害区段的评价指标，检测方式和检测内容与我国大陆地区的检测方法相似[50]。杨露（2015）建立了基于DER&U运营高速公路隧道快速检测评价系统，该评价方法将隧道各分段技术、各分项技术指标按照其劣化程度（degree）、劣化尺寸（extent）和安全程度（safety）进行D、E、S 3个指标的打分，同时提出了技术指标CI（condition index）、优先指标PI（priority index）、隧道折算长度的计算方法[51]。杨健等（2016）结合Dmst和云模型，采用GBBA算法对隧道车辆运行的动态因素和静态因素共18个指标进行了评价，构建了一种面向隧道行车安全的综合评估方法[52]。吴贤国等（2016）通过云模型组建了一套完整的运营隧道健康安全评价指标和评价体系，包括外荷载作用、衬砌应力变形、材质劣化和渗漏水4类共19个指标[53]。彭怀德等（2017）引入云模型，研究了衬砌腐蚀、衬砌背后空洞等20项指标对隧道结构的影响，并将该20项指标定量化，同时按一定的结构组建其相对于评语集的隶属云[54]，从而为隧道复工建设的决策提供了评定方法。总体来说，国内现有的针对隧道的评价方法正逐步朝着定量化、信息化和多指标化方向发展，以合理的数学模型作为内核，隶属函数的选取满足统计学分布规律是现有评价方法的发展趋势。

1.2.3 隧道质量缺陷下的力学性能

目前，国内外专家学者通过理论分析、数值模拟、现场测试及物理模型试验等研究手段，开展了隧道衬砌质量典型缺陷下衬砌的力学性能分析，并取得了一些有价值的研究成果。

王华牢等（2009）基于数值计算方法，通过不同的数值模拟软件，分别建立了衬砌背后空洞位置和厚度不足两种典型缺陷的计算模型，分析了它们对衬砌安全系数的影响[55]。Lackner（2003）[56]和Amorima（2014）[57]等分别建立了模拟喷射混凝土和二次衬砌混凝土开裂的计算模型。王华牢等（2009）基于刚度退化理论，采用混凝土刚度折减法，对不同裂缝宽度、长度、位置情况下的衬砌结构的安全系数进行了统计分析[58]。赖金星等（2017）通过数值分析方法，分析了空洞位置和尺寸对盾构隧道衬砌应力集中、内力分布和衬砌结构安全系数的影响[59]。Wang等（2014）通过弹塑性有限元分析，研究了空洞尺寸、位置和深度以及其他因素，如衬砌柔韧性、原位应力和隧道形状对衬砌应力分布的影响[60]。雷波等（2015）通过数值模拟方法，建立了隧道衬砌拱肩一定范围内背后空洞的计算模型，记录了衬砌开裂的过程[61]。张成平等（2017）针对衬砌整体或厚度不足的情况，采用数值模拟研究了隧道结构的安全状况[62]。

何川等（2009）采用模型试验方法，研究了竖向、水平向和斜向应力等不同应力场对缺陷隧道承载力的影响[63]。李明（2011）建立室内相似模型，通过埋设的传感器获取了衬砌减薄状态下围岩与支护结构作用力与结构极限承载能力，为隧道支护结构的健康状态评价提供了依据[64]。刘学增等（2012）制作了带裂缝钢筋混凝土衬砌模型，通过理论分析，建立了带裂缝衬砌简化计算模型，通过室内试验和数值计算，定量分析了裂缝参数以及地层抗力对衬砌结构承载力的影响[65,66]。Leung等（2011）采用模型试验方法，研究了衬砌与周围土层局部脱空对衬砌周边土压力分布的影响[67]。Wang（2010）分别针对临近边坡失稳和非对称受力条件下衬砌裂缝形态及开裂机理进行了研究[68]。崔文艳等（2011）通过建模进行数值分析，研究了空洞位于拱肩、边墙、拱脚、拱底4个不同位置时衬砌的力学行为[69]。方勇等（2016）研究了水压荷载作用下，含空洞缺陷衬砌的应力分布规律和裂缝产生的位置与尺寸，并开展了室内模型试验[70]。汤雷等（2007）对拱顶厚度不足的混凝土衬砌进行了现场检测，并对其进行了建模和数值计算，结果表明，从衬砌安全角度出发，应及时回填拱顶空洞[71]。

从隧道衬砌质量缺陷对衬砌安全性影响的研究现状看，研究的深度和广度均需进一步提高，并应该结合工程实际进行验证。在建立缺陷计算模型时，大都将衬砌结构看成线弹性材料，没有考虑其塑性及损伤特性，难以反映衬砌结构的真实受力状态[72,73]。在分析衬砌裂缝的影响因素时，大多采用刚度折减，不能描述衬砌从初始缺陷损伤、裂纹出现、扩展直至断裂破坏的全过程。在进行缺陷室内试验模拟和数值模拟时，模拟的缺陷几何特征及影响机制与工程实际存在较大的差距。到目前为止，我国隧道质量缺陷研究仍处于起步阶段，尚未形成一套完整的隧道缺陷病害影响机理的理论体系。由于隧道缺陷病害的成因复杂多样，鉴于隧道缺陷病害造成的后果极其严重，迫切需要对其开展深入系统的研究。

1.2.4 缺陷衬砌承载力研究

在隧道缺陷情况下，衬砌承载力与原设计存在很大的区别，直接影响运营隧道后期的养护。通过衬砌缺陷检测手段获得隧道的缺陷情况后，国内外学者对隧道缺陷与衬砌承载力的关系开展了研究。

佘健等（2008）通过室内模型试验，以围岩等级、空洞位置以及地应力方向等为变量，研究了隧道病害演化和衬砌承载力的变化[74]。汪波等（2013）为了限制结构变形、消除衬砌病害和提高衬砌承载力，制订了不同围岩等级条件下衬砌厚度不足的补强方案[75]。童建军等（2015）通过对7种海底隧道二衬类型的承载力模型试验研究，分析了二衬裂缝产生、发展的规律和位移、内力的变化规律，最终得到了衬砌极限承载力[76]。刘学增等（2017）利用室内模型试验及数值仿真，研究了不同围岩条件下结构受力变形规律及其破坏特征，探明了松动荷载作用下结构损伤的演化机理，提出了结构健康评价指标，制定了基于承载力的健康度分级标准[77]。于玲等（2017）利用Midas GTS软件对不同衬砌厚度减薄情况下的应力和变形进行了数值模拟分析，得出了结构承载力和安全性随着衬砌厚度与实际厚度的比值减小而减小的结论[78]。陈强等（2015）利用ANSYS有限元程序对比分析了径向、环向两种方向的裂缝对隧道衬砌承载力的影响[79]。聂子云（2013）基于衬砌背后空洞的形成机理、影响因素，研究了空洞与冻害、震害等其他病害的耦合作用，对空洞病害进行了精准定性分级[80]。孙作强（2019）研究了基于材料本构关系的衬砌截面极限承载力曲线（M-N曲线）和衬砌截面安全性评价方法，结合现场试验，提出了衬砌裂缝安全性指标的概念及其计算方法[81]。

随着计算机硬件和人工智能相关技术的迅猛发展，为降低试验成本、提高工作效率和准确率，越来越多的工程领域引入了机器学习工具箱。机器学习工具箱是研究人员为帮助用户解决一些统计任务而设计的[82]，可以有效减少开发时间。现在已有许多开源工具[83]，如Libsvm[84]、Tensorflow[85]和 PyTorch[86]。具体来说，按照机器学习工具箱适应的对象和范围，一般可分为4类：①用于计算机视觉、自然语言处理和音频的开源机器学习工具，如由FaceBook人工智能研究公司开发的软件系统Detectron[87]。此外，Detecron是用Python编写的，并得到Caffe2深度学习框架的支持。斯坦福NLP[88]是Python的自然语言分析包。它支持70多种人类语言。②大数据开源机器学习工具，例如，Hadoop[89]和Spark[90]是具有代表性的工具，旨在帮助用户处理大数据。③强化学习的开源工具[91]，强化学习是机器学习中的一个关键环节，为了强化学习得到更好的实现，需要设计一个有效的训练环境。例如，谷歌公司研究了一种新的强化学习用于足球这项运动[92]，可以更好地用于经纪人获取足球运动的相关信息。④用于模型部署的开源机器学习工具，其目的是帮助用户更容易地将他们的项目应用到现实世界的设备中。例如，苹果公司的Core ML[93]是一种流行的工具，可以将机器学习模型构建成苹果设备的各种应用程序。Core ML的亮点是用户不需要对神经网络或机器学习有广泛的了解即可使用。

虽然已经提出了许多机器学习工具，但其在特定行业的应用中仍然存在很多障碍。因此，针对具体行业的业务需求，很多研究人员开发了适合的机器学习工具箱，下面列举了常见的金融、医疗、通信、建筑行业专用工具箱。

（1）财务工具箱（financial toolbox）的开发是为通过数学建模和统计来分析财务数据。近年来，许多金融工具箱被广泛用于提高计算效率。例如，为了解决在线投资组合选择问题，Li等[94]提出了一个综合工具箱，可以根据不同在线投资组合的评估结果，选择合适算法的性能，并开发新的算法。在金融共享服务项目问题上，Neukirchen等[82]提出了变革管理控制工具箱，这是对企业管理的代表性研究贡献。根据实证研究，Kim[95]提出了一个统计工具箱，可以为金融研究人员提供一系列统计工具，特别是可以消除大样本偏差的各种选择。

（2）医疗护理工具箱（medical care toolbox）旨在为挖掘医疗数据的内在含义并提供统计支持。近年来，基于海量的医疗数据开发各种医疗保健工具，其优势越来越明显。Thangarajh等[96]引入了一个NIH工具箱来处理杜兴氏肌营养不良症，它可以获得关于不同致病因素的认知评估。为了分析复杂的病人治疗过程，Metsker等[97]利用Graphminer工具箱进行数据建模和挖掘。此外，这种方法提供了对治疗过程的可视化理解。Neukirchen等[82]提出了描述残疾儿童慢性疼痛指数的评估工具箱。事实证明，工具箱对于评估实践是一个有用的资源，特别是对于脑瘫儿童。

（3）通信工具箱（communication toolbox）根据所处的环境，对信号分类建模，为解决通信问题提供良好的手段。例如，Ghimire等[98]设计的一个工具箱，提供了与信号振荡有关的各种信息，并最终评估小信号的稳定性。Taormina等[99]提出了一个开源的Matlab工具箱，可应用于配水系统。这个工具箱允许用户通过各种攻击场景的模拟实践来设计智能水网络。最近，为了满足简单可配置的网络物理系统（CPS）的需求，Melzer等[100]提出了一个基于代理的SysML开源工具箱，实际物流跟踪系统充分证明了该工具箱的应用价值。.

（4）建筑工具箱（building toolbox）旨在为建筑师和施工人员提供面向施工的各种快速应用。例如，Boonstra等[101]提出了一个工具箱，可以优化建筑空间设计。设计者基于建筑信息可以快速展示多种空间和结构设计，直到满足客户需求。关于污染物事件监测问题，Kyriacou等[102]引入了一个名为Comob的Matlab工具箱，其可以正确监测空气质量，特别适合应用在多区域建筑中。此外，Comob还为污染物的在线检测和隔离提供了一个平台。

随着人工智能的发展，工具箱因其独特的优势在各行各业广泛掀起应用高潮。尤其是随着隧道施工行业的发展，一个高效的机器学习工具箱对于隧道的验收、养护是至关重要的。然而，目前还没有开发出快速分析缺陷衬砌承载力的专门工具箱。

第 2 章　云南山区公路运营隧道典型质量缺陷特征及分析

本章基于公路隧道养护检测项目，对隧道质量缺陷及病害检测数据和与之相对应的隧道设计施工资料进行了统计学分析，进而揭示云南省公路隧道运营过程中质量缺陷及病害的主要表现形式和分布规律，为寻求具有区域性的国道、省道重点路段公路隧道典型缺陷及病害特征奠定坚实的基础。

2.1　统计背景及意义

随着我国公路网的发展由平原丘陵向崇山峻岭延伸，以及公路技术等级和科技水平的进步，相应地公路隧道也进入了高速发展时期。如前文1.1.1小节中所述，目前我国已经成为世界上公路隧道数量最多、施工周期最短、穿越地质条件最复杂、受外部环境条件影响最多、建设规模最大和采用的结构形式最丰富的国家。因此，开展公路隧道缺陷及病害特征研究既有大量的现场检测数据的支撑，同时研究成果具有重要的理论和实践意义。

鉴于国内外运营隧道安全事故频发，近年来，国家行业主管部门对此更新完善了一些规范、标准，同时出台了一系列的文件，用于规范和指导我国公路运营隧道养护管理，按照防患于未然的思路，及早发现运营隧道存在的质量安全隐患，确保隧道的安全运营。但由于相关方面的研究尚未形成一套完整、成熟的体系，直到2015年《公路隧道养护技术规范》（JTG H12—2015）中，才首次提出了根据隧道技术状况分类分级进行隧道养护的新理念。同时，在技术层面上大力鼓励技术创新、设备研发、工艺改革，极大地改善了我国公路隧道养护技术的落后局面。例如，自2016年起，国家将公路隧道纳入公路网技术状况监测范围；此外，隧道综合检测车的研发、隧道信息系统、隧道三维激光红外扫描检测、公路隧道多功能机器人和人工智能等先进技术的应用均为公路隧道规范养护管理和安全运营提供了技术保障和便捷服务。

然而，由于我国人口密集、地域辽阔，不同区域的经济发展状况、地形地质特点、道路交通环境等对公路等级的要求不同，进而对公路隧道建设的需求就不同。隧道建设条件的复杂性、建设年代跨度大的事实又会加大对隧道性能的评价难度[103]。尤其是公路隧道衬砌缺陷会影响其服役周期，若忽略衬砌缺陷的存在，隧道在围岩应力改变或者地震动作用下，最终可能引起隧道结构破坏而丧失服役功能，以致危及车辆和行人安全。俗话说“千里之堤，溃于蚁穴”，因此，通过隧道快速无损检测，将隧道病害识别在初发阶段，防患于未然势在必行。

云南地处云贵高原，海拔从76.4m跨越到6 740m，属于山岭重丘地区，受地形和不良地质条件制约，为满足技术标准要求，在公路交通规划中，隧道占比越来越大。因此，亟须掌握该地区运营公路隧道的衬砌缺陷情况，根据围岩等级、缺陷尺寸、缺陷位置等进行统计分析，建立云南省普通国省道隧道健康状况的数据库，在资源有限的情况下，为建设部门在工程建设过程中的科学管理提供依据。

2.2 病损隧道统计范围

本书尽可能多地收集了包括云南省境内的全部隧道类型，涉及了云南省境内普通国省道上的117座公路隧道的检测数据资料。这些隧道分布在云南省16个州市地区，在海拔、岩性、水文地质、气候条件和运营环境上差异较大；从隧道属性来看，它们的结构设计、施工水平、建设年度和原材料材质等方面差异显著。如图2.1所示，从隧道长度来看，受建设年度的设计、施工水平的限制，普通国省道上运营隧道以短隧道为主，数量为76座，占隧道总数的64.96%；长隧道仅占隧道总数的13.68%；中隧道数量居中，占隧道总数的21.37%。从隧道衬砌材料来看，96.58%的隧道采用模筑混凝土衬砌，也有极少量无衬砌和预制块衬砌隧道存在；其中，混凝土衬砌隧道93座，钢筋混凝土隧道20座，岩石隧道1座，混凝土预制块隧道1座，喷射混凝土隧道2座。从隧道服役年限来看，服役0~10年隧道有68座，占总数的58.12%；服役10~20年的隧道有41座，占总数的35.04%；服役超过20年的隧道有8座，仅占总数的

6.84%。从土建结构技术状况评定结果来看，1类隧道仅有2座，2类隧道50座，3类隧道40座，4类隧道24座，5类隧道1座。从图2.1（d）中可以看出，大部分的隧道结构技术状况为2类、3类。

总体而言，云南省隧道服役年限较短，隧道长度以中短型为主，材料以混凝土衬砌为主，土建结构技术状况主要集中于2类和3类隧道，根据隧道的特征分布情况，不难发现新建隧道已经出现病害情况，这种情况的出现可能是因为云南地区隧道在施工时对质量把控不严格、管理不到位、施工水平低和不良地质条件等原因造成的。

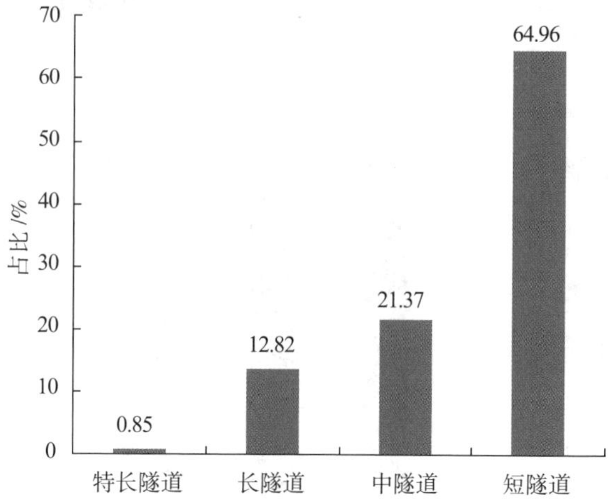

（a）隧道长度占比

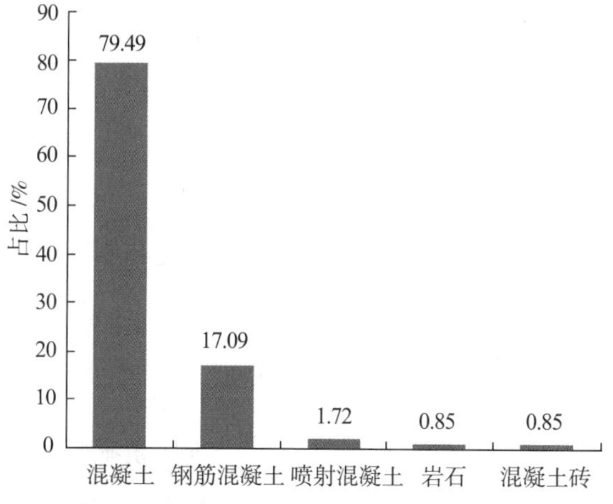

（b）衬砌材料占比

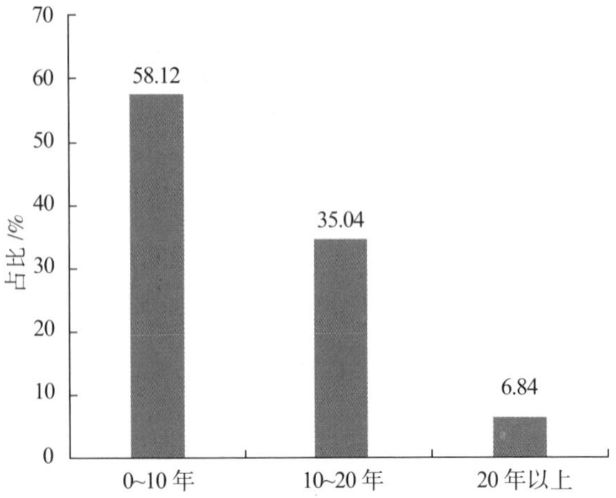

（c）服役年限占比

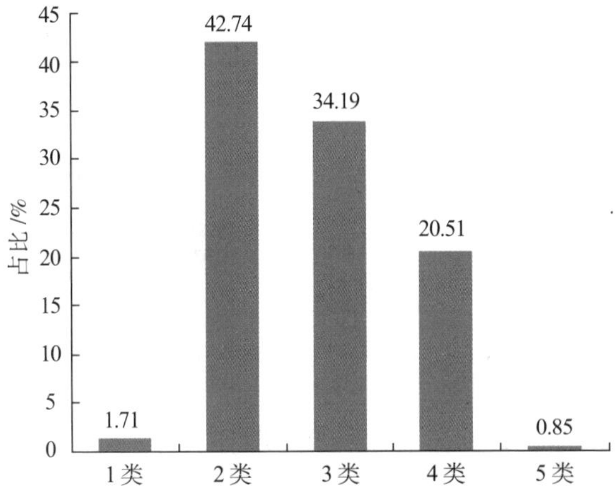

（d）按土建结构技术状况评定结果统计

图 2.1　隧道不同分类统计情况

2.3　隧道衬砌主要质量缺陷分析

根据本章的研究目的，集中针对衬砌背后空洞和厚度不足两种典型质量缺陷开展研究。

2.3.1　衬砌背后空洞统计结果及成因分析

衬砌背后空洞是隧道衬砌结构最常见的一种质量缺陷，常发生于隧道初支与二衬之间或初支与围岩之间，隧道衬砌背后空洞病害属于隐蔽性的质量缺陷，常通过地质雷达检测识别空洞的位置和尺寸。其主要影响是使围岩应力重分布，改变隧道结构的受力状态，导致应力集中，致使衬砌开裂。衬砌背后空洞多部分形成于施工阶段，少部分形成于运营阶段，空洞特征一般用空洞长度（l）、空洞高度（h）、空洞范围（α）、空洞类型和空洞位置5个指标来描述，空洞范围指标的数据此次未收集到，其他方面的数据在下文将进行具体分析。本次统计了云南省普通国省道上的48座隧道衬砌背后空洞情况，总里程31.85km，共发现空洞961处，空洞每百延米密度为3处/100m，空洞座密度为20处/座。

1. 衬砌背后空洞长度与深度特征

衬砌背后空洞长度是指空洞沿隧道纵向的延展距离；空洞深度是指空洞沿隧道径向的距离，因为空洞形状一般呈不规则形，所以取最大值计算深度。通过对这961处衬砌背后空洞的空洞长度和空洞深度数据统计分析可以看出，空洞长度和空洞深度分布区间较大。将空洞长度细分为6个区间进行统计：[0, 2m)、[2m, 8m)、[8m, 14m)、[14m, 20m)、[20m, 26m)、[26m, +∞)，将衬砌空洞深度区间分为5个区间进行统计：[0, 10cm)、[10cm, 30cm)、[30cm, 50cm)、[50cm, 60cm)、[60cm, +∞)。具体数据见表2.1。

表 2.1　隧道空洞长度与深度数量占比统计

空洞长度 /m		空洞深度 /cm				
		$h<10$	$10\le h<30$	$30\le h<50$	$50\le h<60$	$h\ge 60$
$l<2$	数量 / 处	2	56	26	2	1
	所占比例 / %	0.21	5.83	2.71	0.21	0.10
$2\le l<8$	数量 / 处	39	313	240	19	3
	所占比例 / %	4.06	32.57	24.97	1.98	0.31
$8\le l<14$	数量 / 处	1	35	81	15	4
	所占比例 / %	0.10	3.64	8.43	1.56	0.42
$14\le l<20$	数量 / 处	0	10	34	10	0
	所占比例 / %	0	1.04	3.54	1.04	0
$20\le l<26$	数量 / 处	0	6	16	9	3
	所占比例 / %	0	0.62	1.66	0.94	0.31

续表

空洞长度 /m		空洞深度 /cm				
		$h<10$	$10\le h<30$	$30\le h<50$	$50\le h<60$	$h\ge 60$
$l\ge 26$	数量 / 处	0	2	18	11	5
	所占比例 / %	0	0.21	1.87	1.14	0.52

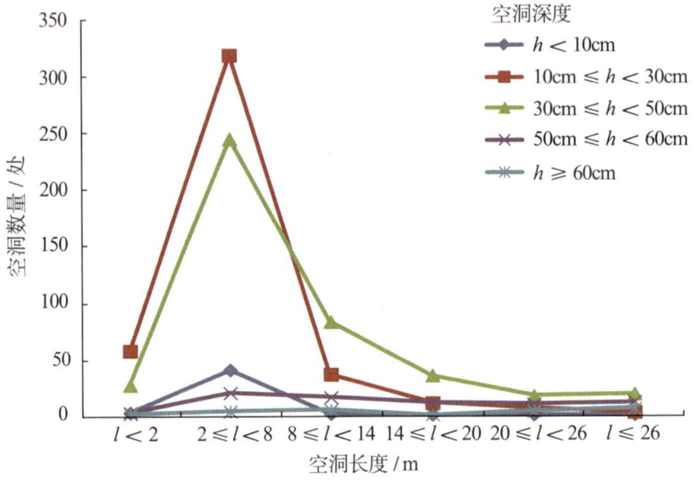

图 2.2　隧道空洞长度与深度数量关系

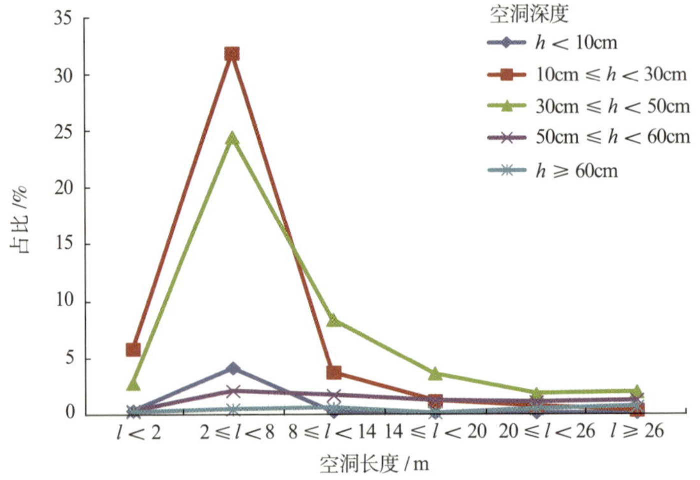

图 2.3　隧道空洞长度与深度占比关系

由表 2.1、图 2.2 和图 2.3 可得出以下结论。

（1）从衬砌背后空洞长度分布的情况来看，主要集中在 2~8m，该范围的空洞有614处，长度占比高达63.89%。空洞长度大于8m的共有260处，占空洞总数的27.05%；空洞长度小于2m的有87处，占空洞总数的9.06%；从空洞长度分布情况来看，空洞长度区间数量和占比均类似于正态分布，并且这一规律也适应于空洞长度一定或者空洞深度一定的情况。

（2）从衬砌背后空洞深度分布的情况来看，空洞深度在10~50cm范围内的空洞数量为837处，占比达87.10%，为常见空洞深度范围。虽然空洞深度与长度的分布有一定的相关性，但不同深度的空洞长度基本都在2~14m的范围内。这与施工单位在施工过程中刻意封堵端头有关。

2. 衬砌背后空洞类型与位置特征

衬砌背后空洞类型主要有初支背后空洞、初支与二衬之间空洞、二衬内部空洞、二衬内部不密实（离析）。由于受二衬混凝土中钢筋信号的影响，雷达检测图像中未能有效采集到初支内部及其背后空洞数据，本书只统计了初支与二衬之间空洞和二衬内部空洞。二衬内部不密实（离析）由于混凝土中缺少胶结物，骨料基本呈离散颗粒状存在，在一定的范围内与脱空相似，所以将其作为衬砌内空洞的一种类型进行统计。将衬砌背后空洞类型和空洞位置归类统计，得到不同空洞类型和空洞位置分布的空洞数量和空洞占比关系如表2.2所示，空洞类型和空洞位置数量关系如图2.4所示，空洞类型和空洞位置关系占比分布如图2.5所示。

表 2.2　空洞位置与空洞类型统计分布

空洞类型		空洞位置				
		左边墙	左拱腰	拱顶	右拱腰	右边墙
初支与二衬之间脱空	数量	2	93	360	97	0
	所占比例 / %	0.19	8.72	33.74	9.09	0
二衬内部脱空	数量	25	63	301	56	32
	所占比例 / %	2.34	5.90	28.21	5.25	3.00
二衬内部不密实	数量	7	3	11	8	9
	所占比例 / %	0.66	0.28	1.03	0.75	0.84

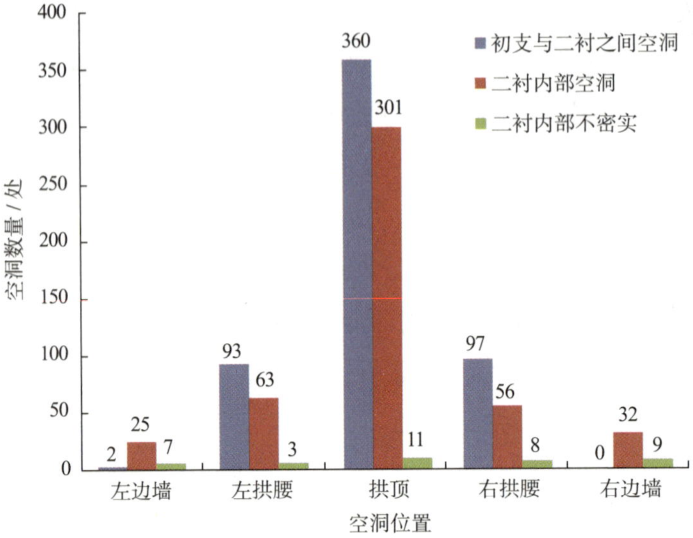

图 2.4　空洞类型和位置数量关系

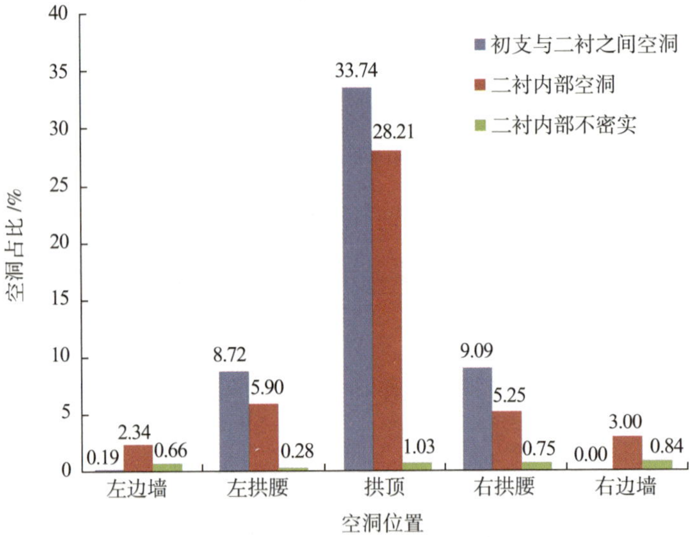

图 2.5　空洞类型与空洞位置的占比

由表2.2、图2.4和图2.5可得出以下结论。

（1）在不同空洞类型中，初支与二衬之间脱空数量最多，有552处，占总数的51.73%。二衬内部空洞居中，有477处，占总数的44.70%；二衬内部不密实数量最少，仅有38处，占总数的3.56%。从对云南省普通国省道公路隧道衬砌背后空洞统计的数量看，结构层之间脱空是隧道衬砌背后空洞的主要类型。从5条常规检测线来看，拱顶和拱腰均是隧道初支与隧道二衬之间脱空和二衬内部空洞的高发部位，且初支与隧道二衬之间空洞数量高于二衬内部空洞数量。左右边墙除易发二衬内部空洞外，二衬内部不密实相对其他部位较易发生。

（2）按空洞发生部位来分析，拱顶空洞达到672处，占空洞总数的62.98%；左、右拱腰空洞达到320处，占空洞总数的30.00%；边墙空洞仅有75处，占空洞总数的7.02%；空洞易发生于起拱线以上部位。当空洞类型为初支与二衬之间空洞和二衬内部空洞时，其空洞数按由大到小依次排列为拱顶、拱腰和边墙。

3. 衬砌背后空洞与围岩级别的关系

根据衬砌背后空洞数量、围岩等级、产生位置的统计分析，得到围岩等级和空洞部位的空洞数及空洞占比关系如表2.3所示，围岩等级和空洞位置的空洞数量关系柱状图见图2.6所示，围岩等级和空洞位置关系占比分布如图2.7所示。

表 2.3　空洞位置与围岩等级统计分布

围岩等级		空洞位置				
		左边墙	左拱腰	拱顶	右拱腰	右边墙
Ⅲ	数量 / 处	28	92	201	116	38
	所占比例 / %	3.73	12.25	26.76	15.45	5.06
Ⅳ	数量 / 处	4	54	114	41	2
	所占比例 / %	0.53	7.19	15.18	5.46	0.27
Ⅴ	数量 / 处	1	13	42	4	1
	所占比例 / %	0.13	1.73	5.59	0.54	0.13

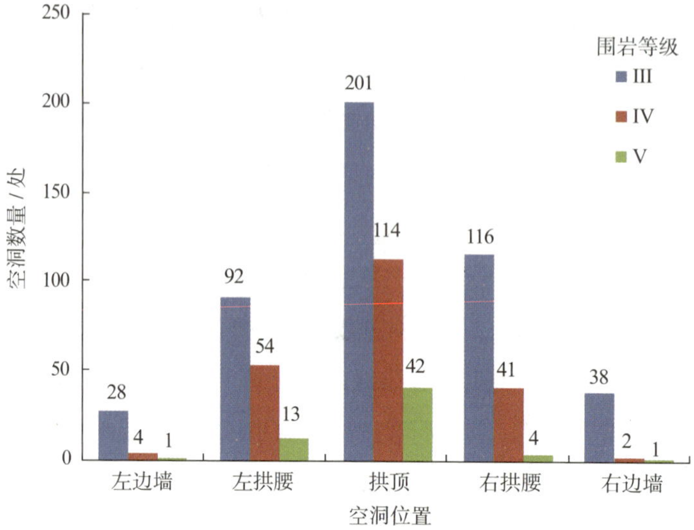

图 2.6　围岩级别和空洞位置数量关系

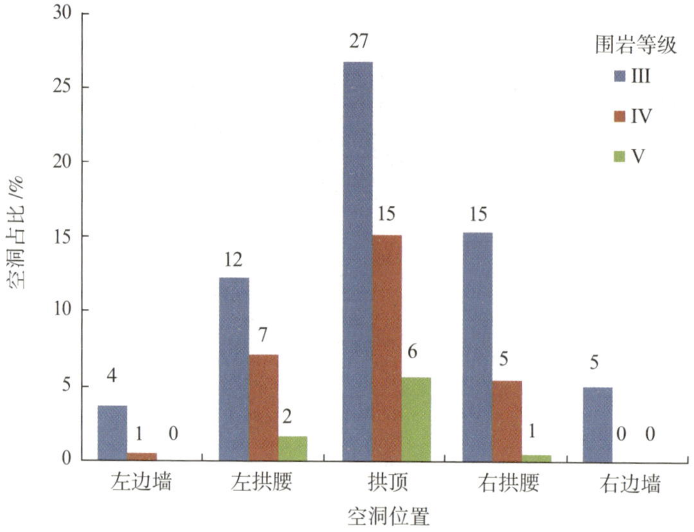

图 2.7　围岩级别与空洞位置的占比

由表2.3、图2.6和图2.7可得出以下结论。

（1）根据围岩等级与空洞数量统计表可见，围岩等级为III级围岩的隧道衬砌中空洞数量最多，有475处，占比为63.25%；IV级围岩的隧道衬砌空洞数量居中，有215处，占比为28.63%；V级围岩的隧道衬砌空洞数量最少，有61处，占比为8.12%。从数量分布看，围岩等级越高围岩质量越好空洞数量越多。同一围岩等级中，按拱顶、拱腰、边墙顺序空洞依次减少。

（2）根据空洞发生部位的统计数据可见，拱顶空洞数量为357处，占空洞总数的47.54%；左、右拱腰位置空洞数量大体一致，占比均为21%；左、右边墙共有74处，占空洞总数的9.85%。

4. 衬砌背后空洞成因分析

本次统计的衬砌背后空洞主要为空洞长度在2~14m、深度在30~50cm范围内的拱顶和拱腰部位的空洞，边墙部位的空洞数量很少，另外大长空洞数量也较少，衬砌背后空洞主要表现为二次衬砌与初期支护间不密切贴合而导致的空洞，以及超挖未回填、塌方处理不彻底所导致的存在于初支背后的空洞。其产生的主要原因有以下几点。

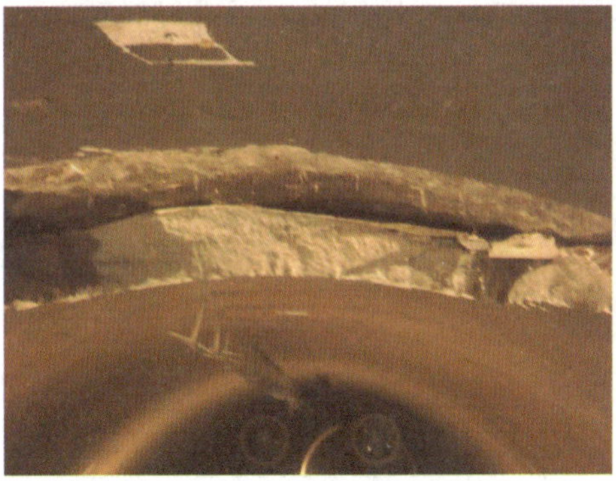

图 2.8　拱顶背后空洞

图 2.9　初支平整度差

（1）浇筑工艺不正确，导致拱顶混凝土不饱满，如图2.8所示。

（2）初支平整度差、防水层紧绷致使其松弛度过小，导致防水层形成空洞，如图2.9所示。

（3）混凝土配合比不符合要求，胶骨比过大，导致混凝土干缩造成二次衬砌与初期支护间不密贴。

（4）混凝土在浇筑过程中振捣不密实、不到位，浇筑完成后附着式振捣器振动时混凝土在自重作用下下沉产生空洞。

总体来看，空洞主要分布在拱顶和左、右拱腰的位置。围岩等级越高，衬砌背后空洞越多，因为围岩质量好，施工单位为了追求进度，单次开挖的里程长，加之爆破效果不理想，造成开挖面凹凸不平，在二衬施工前未对初支表面进行处理，从而在混凝土浇筑过程中易形成空洞。

2.3.2 衬砌厚度不足统计结果及成因分析

衬砌厚度不足又称为衬砌减薄，通常指的是结构交界面处衬砌结构实际厚度达不到设计要求的厚度。可用减薄厚度（D）、减薄范围（S）、衬砌减薄厚度比（δ）和减薄位置4个指标来描述，其中减薄范围指标依靠单条测线测量判断难度较大，所以本书并未涉及。本书中衬砌厚度不足的隧道共统计43座，总里程38.34km，衬砌厚度不足总数为2 191处，衬砌厚度不足每百延米密度为5.7处/100m，平均每座隧道有51处衬砌厚度不足。

1. 衬砌厚度不足与位置特征

衬砌厚度不足在隧道各个部位均有发生，可以利用地质雷达进行测量。本次研究按照厚度不足所处的位置分别进行统计，最终得到衬砌各部位厚度不足的数量和占比关系，详见表2.4和与之对应的图2.10和图2.11。

表 2.4　隧道衬砌减薄与位置统计

衬砌位置	左边墙	左拱腰	拱顶	右拱腰	右边墙
减薄数量 / 处	390	420	516	526	339
占比 / %	17.80	19.17	23.55	24.01	15.47

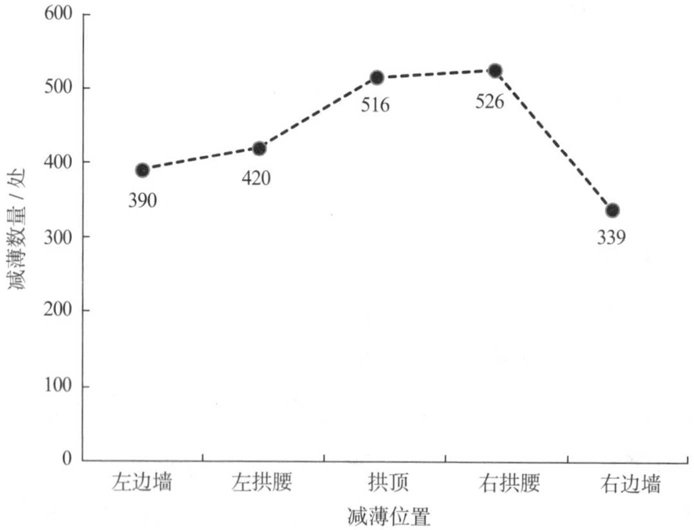

图 2.10　衬砌减薄数量和位置关系

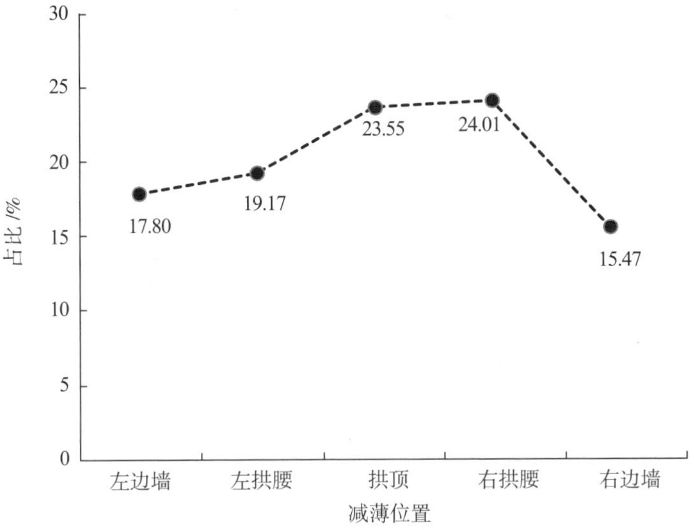

图 2.11　衬砌减薄数量占比与位置关系

由表2.4、图2.10和图2.11可得出以下结论。

（1）衬砌减薄在不同位置显示了明显差异：最易发生衬砌减薄的位置在拱顶，共516处，占比24%，拱腰部位也极易出现衬砌减薄，边墙处则明显较少，左边墙和右边墙处减薄占比都小于20%。此外，从图中还可以看出，衬砌减薄在不同位置的数量分布，沿拱顶呈对称分布，中间数量多，两边数量越来越少。

（2）为了进一步描述衬砌减薄的程度，本书统计了衬砌减薄厚度比（δ），即隧道衬砌减薄厚度与设计厚度的比值。与衬砌空洞深度和长度分析类似，将衬砌减薄厚度比划分为4级：$\delta < 1/3$、$1/3 \le \delta < 1/2$、$1/2 \le \delta < 2/3$和$\delta \ge 2/3$，得到不同位置δ的数量和占比的关系分别见表2.5和图2.13、图2.14。

由表2.5、图2.12和图2.13可得出以下结论。

（1）根据δ的分布区间可知，δ主要在1/3以内范围，该类型衬砌数量达到2 139处，占减薄总数的98.66%，其余衬砌厚度不足仅有29处，占总数的1.34%，且全部处在$1/3 \le \delta < 1/2$范围内。本次统计未发现衬砌厚度不足值大于衬砌设计厚度1/2的情况，即没有实际厚度小于设计厚度1/2的情况。

表 2.5　衬砌减薄厚度比与位置统计

减薄厚度比		减薄位置				
		左边墙	左拱腰	拱顶	右拱腰	右边墙
$\delta<1/3$	数量 / 处	360	420	513	508	338
	所占比例 / %	16.65	19. 43	23.73	23.22	15.63
$1/3\leq\delta<1/2$	数量 / 处	0	4	12	11	2
	所占比例 / %	0	0.19	0.56	0.51	0.09
$1/2\leq\delta<2/3$	数量 / 处	0	0	0	0	0
	所占比例 / %	0	0	0	0	0
$\delta\geq2/3$	数量 / 处	0	0	0	0	0
	所占比例 / %	0	0	0	0	0

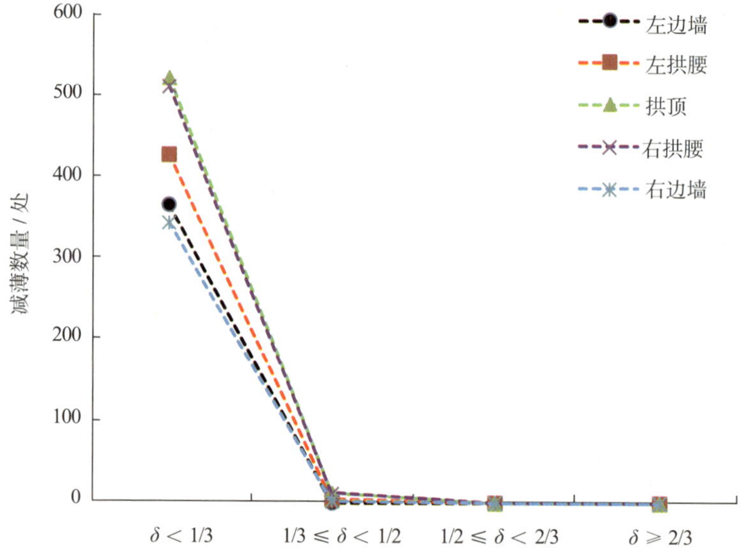

图 2.12　衬砌减薄厚度比与减薄位置数量

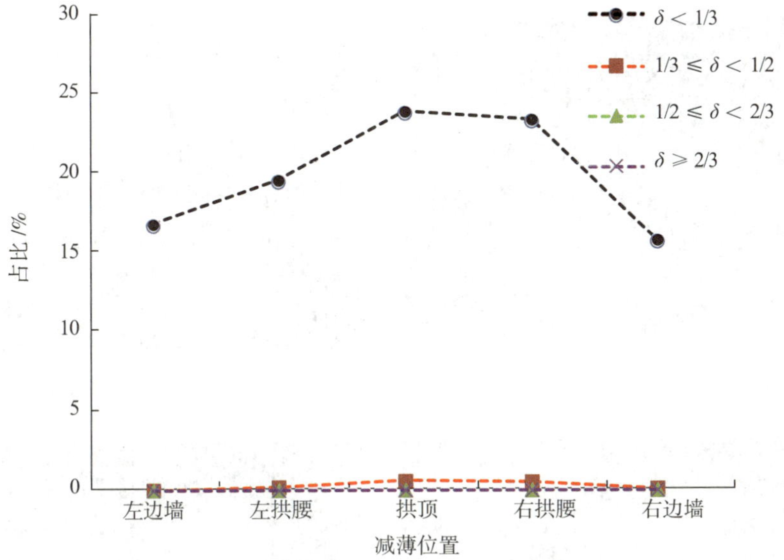

图 2.13　衬砌减薄厚度比占比与减薄位置关系

（2）根据隧道衬砌减薄所处的位置可知，衬砌减薄在各部位的数量分布与隧道衬砌减薄数量的总体分布一致，同样，是自拱顶为中心，向两边墙呈正态分布。

2. 衬砌厚度不足成因分析

衬砌厚度不足产生的主要原因包括以下几点。

（1）测量放样不准确，隧道开挖轴线偏位，导致右侧衬砌减薄，左侧混凝土超厚，如图 2.14 所示。

（2）欠挖位置未处理，造成初支侵线，导致衬砌结构厚度不够，如图 2.15 所示。

（3）二衬施工前，防水板铺设松弛度过小，导致防水板在二衬混凝土浇筑时，拱部绷紧，限制拱部混凝土的流动；或防水层松弛过大，在混凝土由边墙向拱部逐步上升过程中，过度松弛的防水板会形成褶皱堆积，导致二次混凝土空间不足，如图 2.16 所示。

（4）二衬的封端模板多采用木板代替预制钢模板，拼接空隙较大不能满足设计要求，尤其在下坡隧道段，由于端头模板部位漏浆、跑浆，在重力作用下导致上坡段拱部混凝土因空洞而减薄，如图 2.17 所示。

图 2.14　右侧衬砌厚度不足

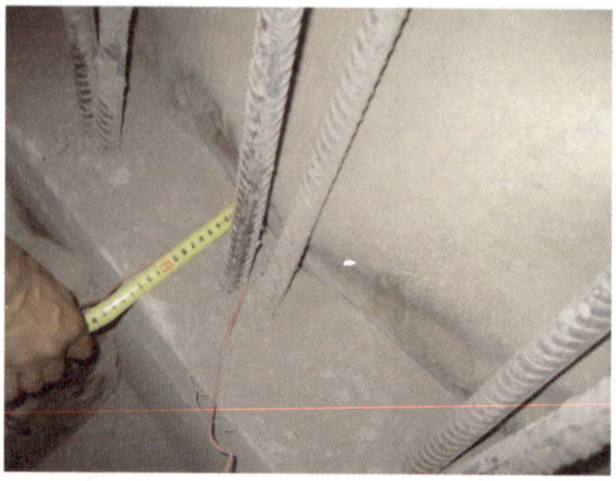

图 2.15　边墙脚欠挖

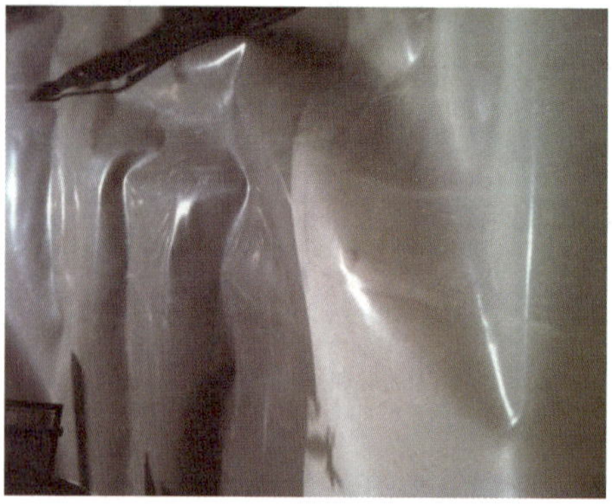

图 2.16　防水板挂设松弛度不合适

图 2.17　二衬封端模板拼接不严

（5）初期支护钢架安装偏位，或变形侵入二次衬砌限界后未进行处理，如图 2.18所示。

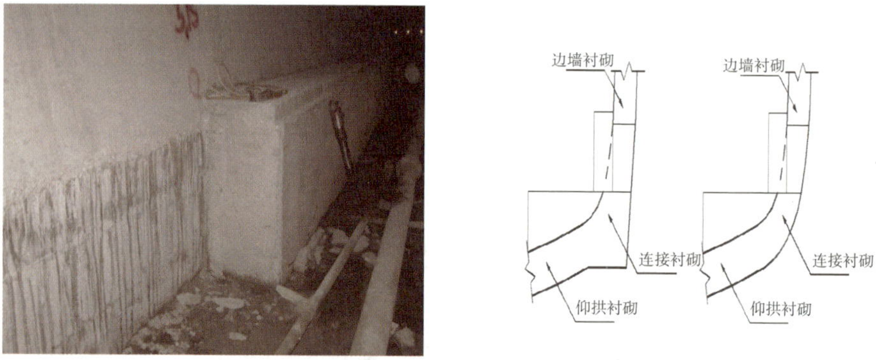

图 2.18　二次衬砌矮边墙厚度不够

第3章　隧道缺陷衬砌的地质雷达检测模型试验研究

正常运营隧道的最大隐患是衬砌质量缺陷。因此，对隧道质量缺陷进行检测十分必要。2004年铁道部出台了铁路行业标准《铁路隧道衬砌质量无损检测规程》（TB10223 —2004），规程对利用地质雷达进行隧道衬砌质量检测提出了相应的要求和规定。针对国内公路隧道雷达法检测规程的空白。福建省编制了《公路隧道地质雷达检测技术规程》（DB52/T 1403—2019），明确了衬砌厚度、空洞、混凝土密实情况、钢筋和钢拱架检测的设备要求，并对测线的布置和检测数据的解译作了说明。从目前隧道衬砌设备的使用情况来看，地质雷达是最优的选择，但是现有的研究工作缺乏完善的典型衬砌质量缺陷标准图谱。本章通过建立1:1比例尺的标准衬砌模型和典型缺陷衬砌模型，使用不同雷达主机和天线进行大量测试试验，得到典型衬砌质量缺陷标准图谱。

3.1　基于地质雷达的缺陷衬砌检测技术

近年来，国内市场上出现了种类繁多的地质雷达，如青岛LTD、瑞典MALA、美国GSSI、加拿大EKKO、意大利IDS、俄罗斯OKO等产品，这些产品已经广泛应用于隧道衬砌的缺陷检测之中。早期在使用这些雷达获取检测数据时，由于计算能力等技术“瓶颈”，二维信号处理占据主流。随着天线和计算能力的提升，三维地质雷达和地质雷达分段识别技术出现，地质雷达可以准确提供隧道缺陷形状、大小及空间形态的不足等信息。

刘新荣等（2010）采用时域有限差分法（FDTD），以Maxwell旋度方程为基础，利用Matlab编程对衬砌内部空洞进行正演分析，实现了雷达三维可视化[104]。薛桂霞（2006）、吕高等（2014）开展了衬砌缺陷几何形态及填充物的时域有限差分法正演分析，确认了该方法的正确性及可行性，并获得了各种缺陷的典型图像、特征波形以及振幅特征[105,106]。Wu等（2019）通过改进地质雷达的UWB天线，进而改善了雷达的视轴增益和电流分布[107]。杨艳青等（2011，2012，2014）分别针对非接触式检测、复合式衬砌、衬砌背后积水等问题，建立了物理模型，同时通过室内测试分析，总结了典型病害地质雷达图谱特征[108-110]。舒志乐等（2011）针对衬砌内空洞质量缺陷，开展了三维地质雷达物理模型试验研究，分析了衬砌内空洞三维雷达图谱的波长、频率、振幅等响应特征[111]。李洋等（2015）针对雷达法检测初支混凝土中钢支撑数量与实际不吻合进行分析，发现采用的天线为非空气耦合天线，在测试过程中天线未与混凝土表面密贴，另外在检测过程中天线与衬砌表面的间距时刻在变化，造成大量空气干扰信号的产生，从而影响了数据采集质量[112]。Wang等（2012）介绍了地质雷达在高原山区中的应用，同时对隧道二次衬砌检测的准确性进行了分析[113]。

3.2 缺陷衬砌试验模型

根据围岩基本质量指标BQ值，《公路隧道设计规范》（JTG D70—2004）将公路隧道围岩分为6级。通过大量工程检测数据的统计分析，发现隧道质量衬砌缺陷主要发生在Ⅲ级、Ⅳ级、Ⅴ级这3类围岩中。常见的隧道衬砌质量缺陷有衬砌减薄、内部空洞、层间脱空、不密实、强度不足等。隧道衬砌质量缺陷的存在是导致隧道衬砌开裂、掉块、变形侵蚀、钢筋锈蚀、渗漏水等病害的重要原因，而且上述衬砌质量缺陷本身也是影响隧道稳定性和运营安全的主要因素。

为了准确识别这些隐蔽工程的缺陷，确保隧道衬砌雷达检测图谱的正确解译以及提高无损检测结果的可靠性，因而制作1∶1原型材料衬砌试件，建立标准衬砌模型（对应Ⅲ级、Ⅳ级和Ⅴ级围岩情况）和典型缺陷（病害）衬砌模型（衬砌脱空、二衬钢筋缺失、二衬减薄和二衬钢筋保护层过厚等），进而做模型试验。

本次试验模型的建立，以《普通混凝土配合比设计规程》（JGJ 55—2011）和《建筑施工计算手册》为标准，采用永平无量山水泥有限公司生产的P.O42.5水泥和安厦新材料科技有限公司生产的AS-PCH聚羧酸高性能减水剂，减水剂的掺量为水泥重量的1.0%，细集料选用中砂，粗集料选用级配良好的机制碎石，设计的混凝土配合比见表3.1。

表 3.1　缺陷衬砌试验模型所用混凝土配合比（质量比）

材料	水泥	细骨料	粗骨料	水	外加剂
普通混凝土	1.00	2.39	3.04	0.44	0.01

设计的标准衬砌模型和典型缺陷衬砌模型工况见表3.2，浇筑完成后的隧道衬砌模型见图3.1。

表 3.2　衬砌模型工况类型

序号	围岩类型	衬砌材料	缺陷情况	备注
1	Ⅴ	初支：26cm 厚 C25 混凝土 二砌：60cm 厚 C30 钢筋混凝土	无	标准衬砌模型
2	Ⅳ	初支：24cm 厚 C25 混凝土 二砌：50cm 厚 C30 钢筋混凝土	无	
3	Ⅲ	二衬：40cm 厚 C30 素混凝土	无	
4	Ⅲ & Ⅳ	初支：C25 混凝土 二衬：C30 钢筋混凝土	衬砌厚度连续不足、厚度不均、保护层过厚	典型缺陷衬砌模型
5	Ⅳ	初支：C25 混凝土 二衬：C30 混凝土	保护层过厚、单层二衬钢筋、衬砌内部空洞	
6	Ⅴ	初支：C25 混凝土 二衬：C30 混凝土	衬砌三角空洞、梯形空洞；钢支撑、主筋间距布置不均	

（1）标准衬砌模型：按Ⅲ级、Ⅳ级、Ⅴ级围岩设计衬砌支护参数，各浇筑标准衬砌墙体一堵，长度均为8m，高度均为1.5m，围岩侧的竖向钢筋及内空侧的混凝土保护层厚均为5cm，工字钢单根长度均为1.7m，竖向主筋长度均为1.65m，见图3.2。

（2）典型缺陷衬砌模型：设计典型缺陷衬砌模型墙体长度为20m，连续浇筑，墙体高度为1.5m，围岩侧的竖向钢筋及内空侧的混凝土保护层厚均为5cm，每榀工字钢单根长度均为1.7m，竖向主筋长度均为1.65m，见图3.3。

图 3.1　衬砌模型布置

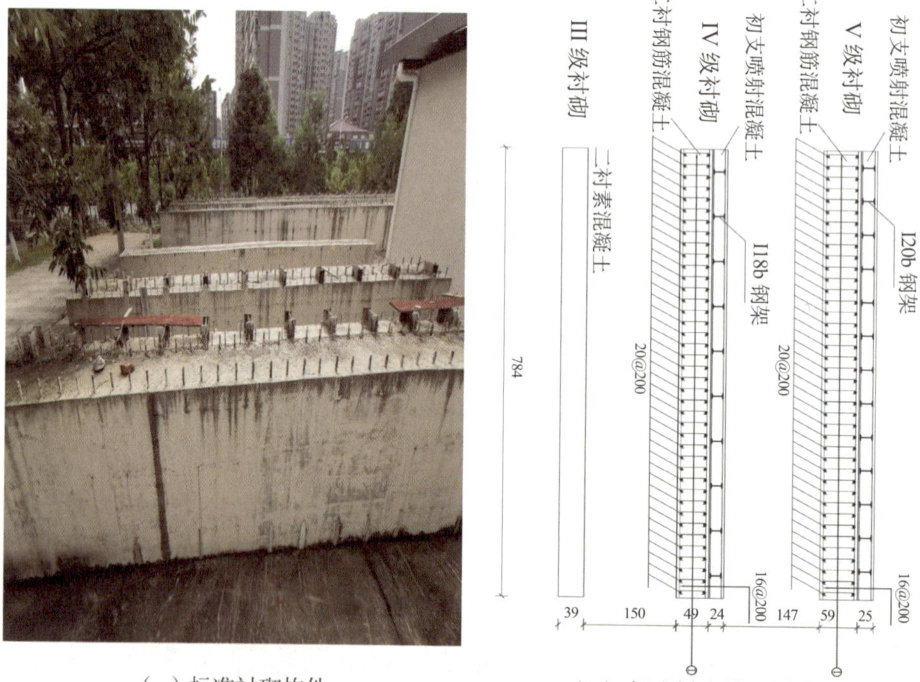

（a）标准衬砌构件　　（b）标准衬砌模型设计图

图 3.2　标准衬砌模型（单位：cm）

（a）背后脱空衬砌构件

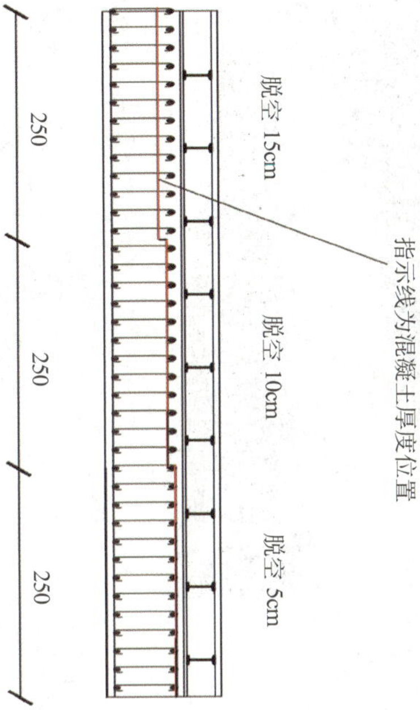

（b）背后脱空衬砌模型设计图

（c）三角形缺陷衬砌构件

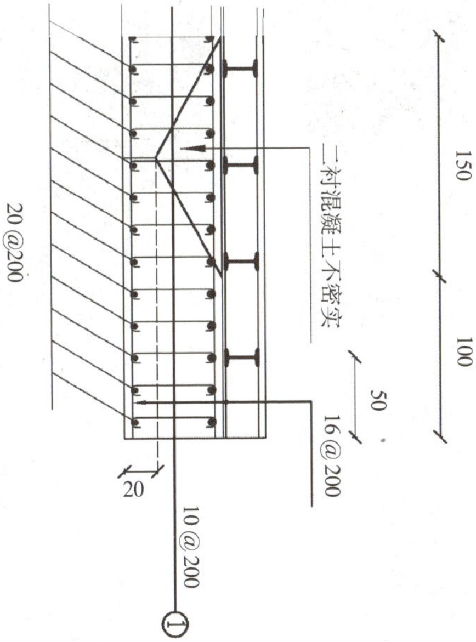

（d）三角形缺陷衬砌模型设计图

（e）梯形缺陷衬砌构件

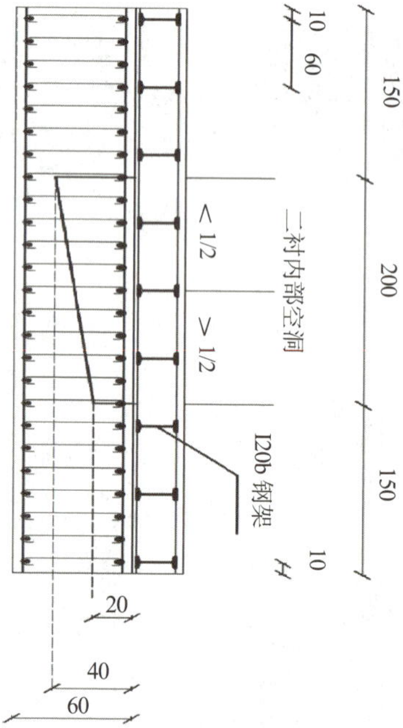

（f）梯形缺陷衬砌模型设计图

（g）素混凝土厚度不均衬砌构件

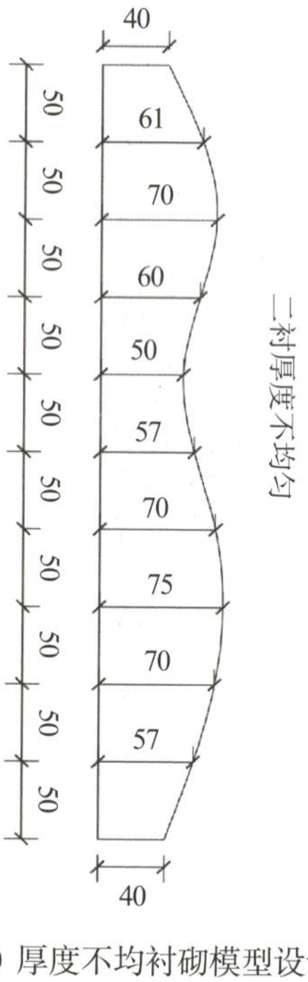

（h）厚度不均衬砌模型设计图

图 3.3　典型缺陷衬砌模型（单位：cm）

3.3　地质雷达检测

3.3.1　选用的地质雷达

如图 3.4 所示，采用二维和三维地质雷达检测，MIRA400-16 三维阵列天线、CX12+1600 天线、Crossover600 天线、X3M+500M 天线和 X3M+800M 天线进行检测。其中，MIRA400-16 三维阵列天线是真三维天线，它通过天线阵列中的发射天线向地下发射一定频率的信号，电磁波在目标体内传播，雷达主机通过接收天线接收反射回来的电磁波信号。当电磁波信号在目标体内行进过程中，遇到介电常数差异较大的介质，如地下水、空洞、衬砌不同结构层等情况后，雷达主机接受到的电磁波信号形成的雷达图像会明显变化。在正常情况下，即地下水不富裕，介质相对均质，三维探地雷达的探测深度在地下 5m 以内，探测精度可精确到 5cm。CX12+1600 天线是介于三维和二维地质雷达之间的天线系列，X3M+500M 天线和 X3M+800M 天线是 X3M 主机配置的两种天线，其容量有 500M 和 800M 两种。

图 3.4　检测所用的雷达

3.3.2　测线布置

在衬砌模型检测中，根据衬砌预制缺陷的具体位置合理的布置测线。检测时，天线紧贴衬砌混凝土表面，测距轮贴着衬砌表面沿直线缓慢前移，以确保能够正常接收数据和对衬砌进行全面检测。使用CX12+1600天线检测时，在检测位置布置的坐标见图3.5，使用MIRA400-16三维阵列天线、X3M+800M天线和X3M+500M天线检测时，紧贴模型衬砌混凝土表面，沿衬砌纵向或者横向移动，进行检测。

图3.5 雷达现场检测与测线布置

3.4 典型病损衬砌的地质雷达图谱特征

3.4.1 衬砌脱空雷达检测

通过对4种不同类型、型号地质雷达的检测，检测到Ⅳ级围岩中存在脱空深度为5cm、10cm、15cm的3种缺陷，如图3.6（a）所示，从检测的雷达图谱[图3.6（b）~（d）]中可以看出，Crossover600M天线基本上可在衬砌的双层钢筋下看到初期衬砌里的工字钢，衬砌的脱空出现振荡信号，脱空15cm和10cm的缺陷比较明显，缺陷长度和深度范围与试验模型一致。X3M+800M测试的雷达图像在做偏移处理后脱空反映最明显，但测试的深度最浅。X3M+500M天线测试的雷达图像分辨率在前述二者之间。MIRA400-16三维阵列天线测试的雷达图谱可以结合二维雷达分析不同深度下衬砌缺陷情况。从不同类型地质雷达脱空检测雷达图谱看，这与试验模型浇筑的脱空缺陷位置和深度完全吻合，从而验证了不同雷达天线分辨率下，脱空的反射响应清晰度不一致。

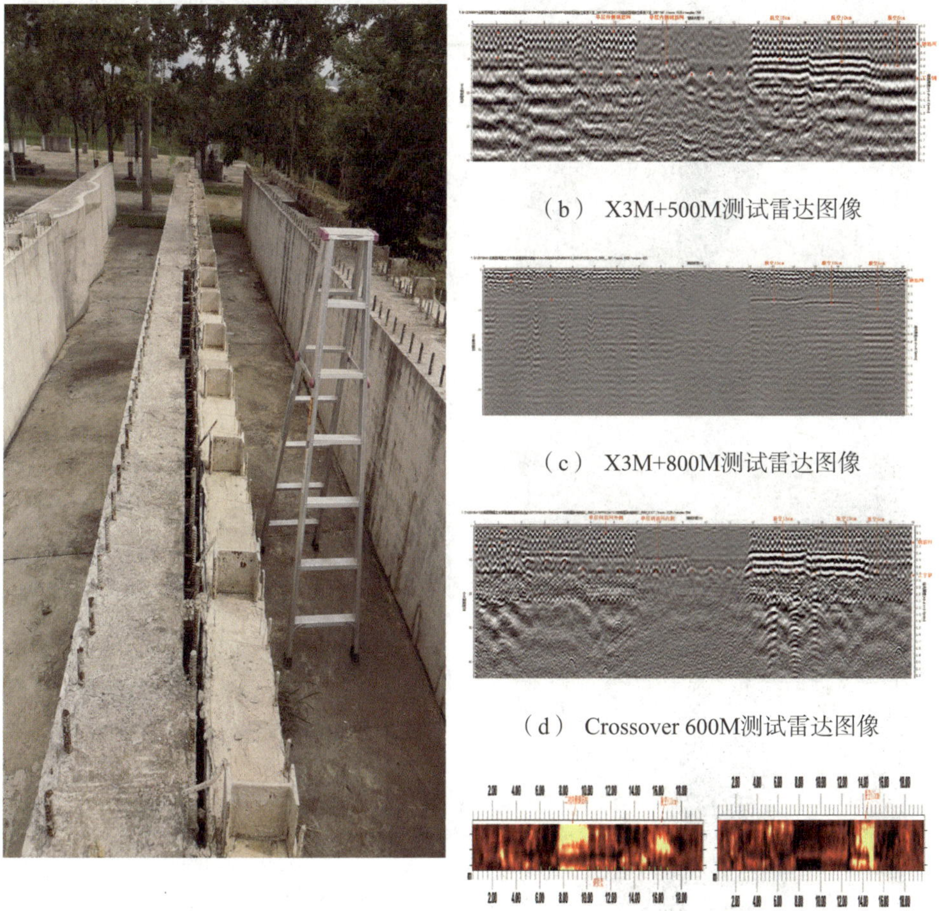

（b） X3M+500M测试雷达图像

（c） X3M+800M测试雷达图像

（d） Crossover 600M测试雷达图像

（a） 不同脱空厚度的物理模型

（e） MIRA400-16三维阵列天线测试雷达图像

图 3.6 不同类型地质雷达脱空检测雷达图谱

3.4.2 衬砌空洞雷达检测

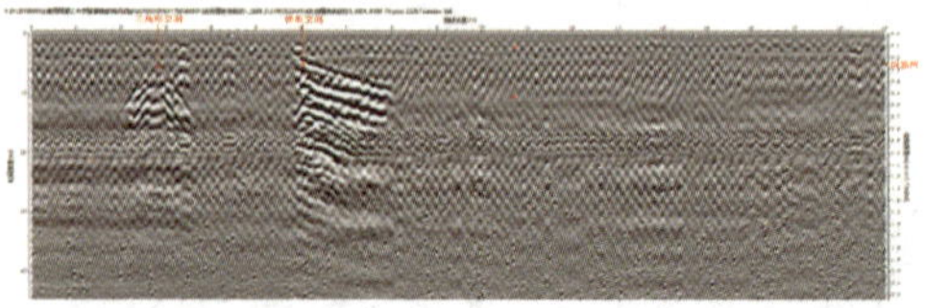

（b）Crossover 600M测试雷达图像

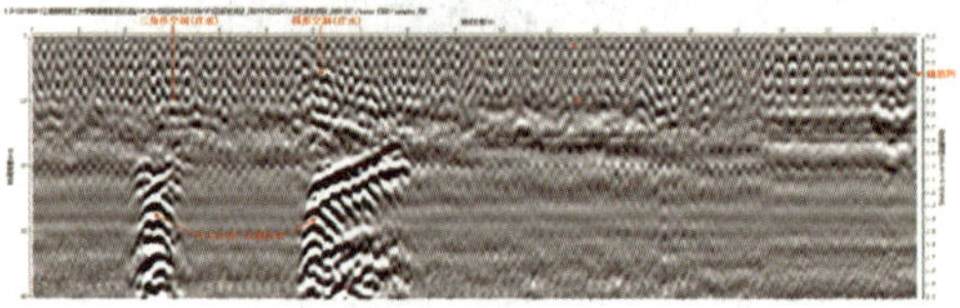

（c）X3M+500M空洞注水测试雷达图像

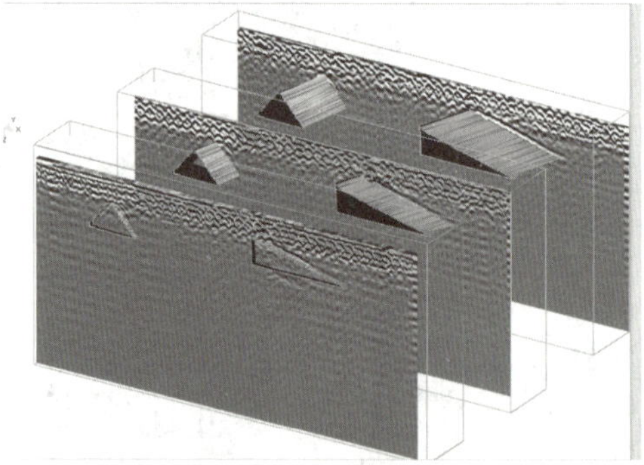

（d）X3M+800M测试雷达图像

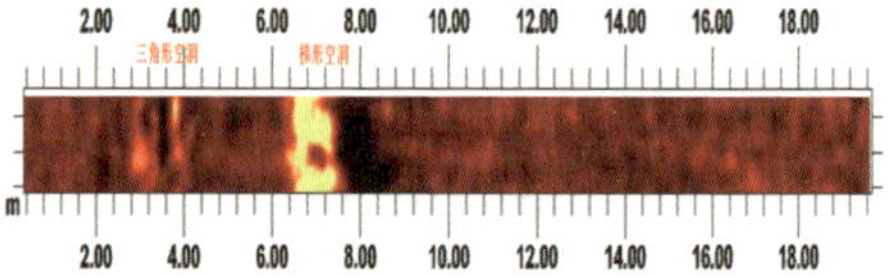

（a）不同脱空厚度的物理模型

（e）MIRA400-16三维阵列天线测试雷达图像

图 3.7 不同类型地质雷达三角形、梯形空洞检测雷达图谱

从典型的衬砌三角形空洞和梯形空洞检测的雷达图谱[图3.7（a）~（e）]中可以看出，用Crossover 600M天线测得的二衬内部梯形空洞雷达图像衬砌最薄处的厚度为19cm，最厚处为42cm，空洞长度为2m，二衬内部三角形空洞最薄处距衬砌表面为20cm，空洞长度为1.5m，这与实际模型非常吻合。X3M主机与500M天线组合测试了空洞中富水的雷达图像，从图3.7（c）中可以看出，两种缺陷位置雷达图像的反射不明显，但在缺陷位置背后产生了强烈的二次反射。MIRA400-16雷达通过不同深度切片，可以看出缺陷的大小和位置。

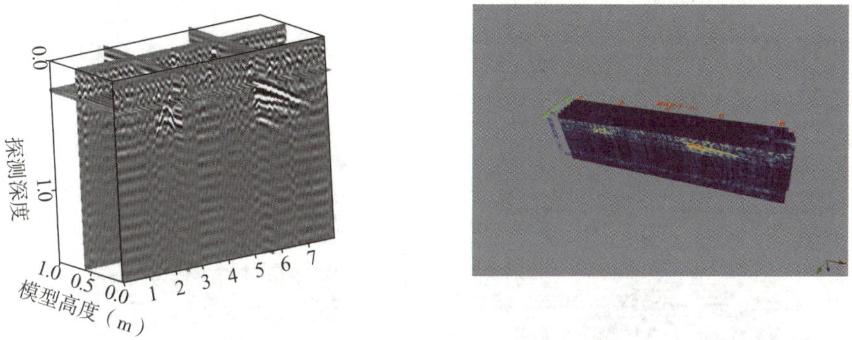

（a）X3M+800M V级围岩缺陷墙水平并排测线

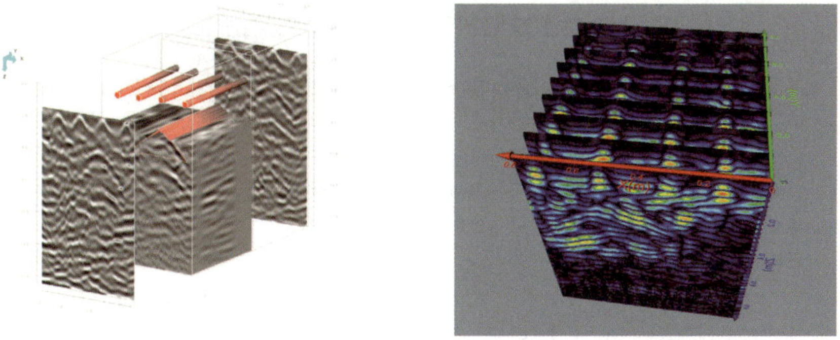

（b）CX12+1600天线V级围岩三角形空洞水平并排测线

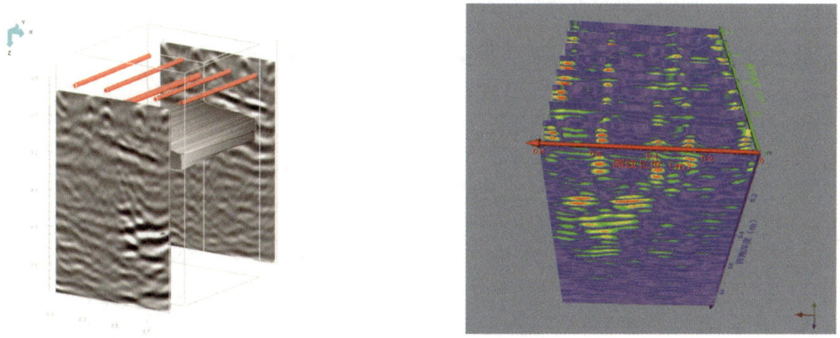

（c）CX12+1600天线V级围岩梯形空洞水平并排测线

图 3.8　典型的三角形空洞和梯形空洞衬砌检测的雷达图谱

如图3.8所示，在含有缺陷墙的V级围岩中沿水平向并排布置测线，通过X3M+800M、CX12+1600天线进行检测，三角形和梯形缺陷显示得较为明显，其缺陷的深度、长度和位置均有较好的一致性。

3.4.3 衬砌其他缺陷雷达检测

为了验证衬砌和保护层厚度不均匀、钢筋数量不足等缺陷与相应地质雷达图的吻合性，采用设计图与地质雷达图进行印证，如图3.9和图3.10所示，具体验证情况见表3.3和表3.4。

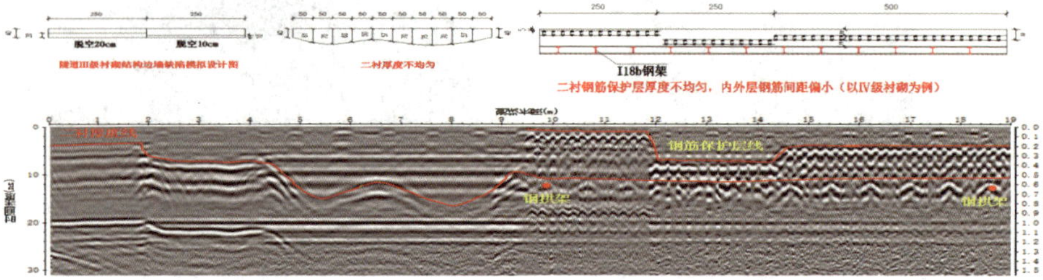

图3.9 典型缺陷衬砌设计图及相应地质雷达图

表3.3 典型缺陷衬砌实体与相应雷达图像的对比说明

项目	距离					
	0~2.5m	2.5~5.0m	5.0~10.0m	10.0~12.5m	12.5~15.0m	15.0~20.0m
设计参数	NC凝土厚度20cm	素混凝土厚度30cm	NC衬砌厚度不均匀，最厚处75cm，最薄处40cm	RC衬砌厚度50cm，双层钢筋布置（主筋间距20cm），保护层厚度5cm。初支厚度23cm，I18b型钢拱架，间距80cm	RC衬砌厚度50cm，双层钢筋布置（主筋间距20cm），保护层厚度35cm。初支厚度23cm，I18b型钢拱架，间距80cm	RC衬砌厚度50cm，双层钢筋布置（主筋间距20cm），保护层厚度19cm。初支厚度23cm，I18b型钢拱架，间距80cm

续表

项目	距离					
	0~2.5m	**2.5~5.0m**	**5.0~10.0m**	**10.0~12.5m**	**12.5~15.0m**	**15.0~20.0m**
图像解译	（1）0~4ns（参考厚度 20cm）内信号幅值较弱，波形均匀，甚至没有界面反射信号；（2）4ns 后反射信号强，呈带状。三振相明显，连续多次反射。介质与前部分介质差异大	（1）0~6ns（参考厚度 30cm）内信号幅值较弱，波形均匀，甚至没有界面反射信号；（2）> 6ns 反射信号强，呈带状。三振相明显，且连续多次反射	（1）8~15ns（参考厚度 40~75cm）存在一条呈带状曲线形反射信号。其内信号幅值较弱，波形均匀，甚至没有界面反射信号；（2）其后反射信号强，三振相明显，且连续多次反射	（1）0~1ns（参考厚度 5cm）内信号幅值较弱，波形均匀，甚至没有界面反射信号；（2）测区内检测到连续小双曲线形信号，信号振幅强，信号在 1.0ns 和 3.4ns 处出现尖波，为第一层和第二层钢筋首波信号，钢筋数量每米 5 根，间距为 20cm。（3）信号在 11.0ns 处出现较强月牙形信号，间距约为 80cm，为钢拱架信号	（1）0~7ns（参考厚度 35cm）内信号幅值较弱，波形均匀，甚至没有界面反射信号；（2）测区内检测到连续小双曲线形信号，信号振幅强，信号在 7.0ns 和 9.4ns 处出现尖波，为第一层和第二层钢筋首波信号，钢筋数量每米 5 根，间距为 20cm。（3）信号在 11.0ns 处出现较弱月牙形信号，间距约为 80cm，为钢拱架信号	（1）0~3.8ns（参考厚度 19cm）内信号幅值较弱，波形均匀，甚至没有界面反射信号；（2）测区内检测到连续小双曲线形信号，信号振幅强，信号在 3.8ns 和 6.2ns 处出现尖波，为第一层和第二层钢筋首波信号，钢筋数量每米 5 根，间距为 20cm。（3）信号在 11.0ns 处出现月牙形信号，信号强，间距约为 80cm，为钢拱架信号

表 3.4 典型缺陷衬砌设计图及相应地质雷达图

项目	距离			
	0~2.5m	2.5~5.0m	5.0~7.5m	7.5~10.0m
设计参数	RC 衬砌厚度 20cm，双层钢筋布置（主筋间距 20cm），保护层厚度 5cm。初支厚度 23cm，I18b 型钢拱架，间距 80cm	RC 衬砌厚度 40cm，双层钢筋布置（主筋间距 20cm），保护层厚度 5cm。初支厚度 23cm，I18b 型钢拱架，间距 80cm	RC 衬砌厚度 50cm，单层钢筋布置（主筋间距 20cm），保护层厚度 5cm。初支厚度 23cm，I18b 型钢拱架，间距 80cm	RC 衬砌厚度 50cm，单层钢筋布置（主筋间距 20cm），保护层厚度 40cm。初支厚度 23cm，I18b 型钢拱架，间距 80cm
图像解译	（1）0~1ns（参考厚度 5cm）内信号幅值较弱，波形均匀，甚至没有界面反射信号； （2）检测到连续小双曲线形信号，信号振幅强，信号在 1.0ns 和 3.0ns 处出现尖波，为两层钢筋首波信号，钢筋数量每米 5 根，间距为 20cm。 （3）信号在 4.5ns 处出现月牙形信号，信号幅值较弱，间距约为 80cm，为钢拱架信号	（1）0~1ns（参考厚度 5cm）内信号幅值较弱，波形均匀，甚至没有界面反射信号； （2）检测到连续小双曲线形信号，信号振幅强，信号在 1.0ns 和 5.0ns 处出现尖波，为第一层和第二层钢筋首波信号，钢筋数量每米 5 根，间距为 20cm。 （3）信号在 9.0ns 处出现月牙形信号，信号幅值一般，间距约为 80cm，为钢拱架信号	（1）0~1ns（参考厚度 5cm）内信号幅值较弱，波形均匀，甚至没有界面反射信号； （2）检测到连续小双曲线形信号，信号振幅强，信号在 1.0ns 处出现尖波，为第一层钢筋首波信号。钢筋数量每米 5 根，间距为 20cm。 （3）在 11.0ns 处出现月牙形信号，间距约为 80cm，推测为钢拱架信号	（1）0~9ns（参考厚度 45cm）内信号幅值较弱，波形均匀，甚至没有界面反射信号； （2）检测到连续小双曲线形信号，信号振幅强，信号在 9.0ns 处出现尖波，为第一层钢筋首波信号。钢筋数量每米 5 根，间距为 20cm。 （3）在 11.0ns 处出现月牙形信号，间距约为 80cm，推测为钢拱架信号

续表

项目	距离			
	10.0~12.5m	**12.5~15.0m**	**15.0~17.5m**	**17.5~20.0m**
设计参数	NC 衬砌厚度 50cm。初支厚度 23cm，I18b 型钢拱架，间距 80cm	RC 衬砌厚度 50cm，双层钢筋布置（主筋间距 20cm），保护层厚度 5cm。初支厚度 23cm，I18b 型钢拱架，间距 80cm。模拟脱空，12.5~15.0m 段实际二衬厚度 35cm	RC 衬砌厚度 50cm，双层钢筋布置（主筋间距 20cm），保护层厚度 5cm。初支厚度 23cm，I18b 型钢拱架，间距 80cm。模拟脱空，15.0~17.5m 段实际二衬厚度 40cm	RC 衬砌厚度 50cm，双层钢筋布置（主筋间距 20cm），保护层厚度 5cm。初支厚度 23cm，I18b 型钢拱架，间距 80cm。模拟脱空，17.5~20.0m 段实际二衬厚度 45cm
图像解译	（1）0~10ns（参考厚度 50cm）内信号幅值较弱，波形均匀，界面反射信号弱； （2）信号在 12.0ns 处出现疑似月牙形信号，推测为钢拱架信号	（1）0~1ns（参考厚度 5cm）信号幅值较弱，波形均匀，界面反射信号； （2）连续小双曲线形信号，振幅强，信号在 1.0ns 处出现尖波，为第一层钢筋首波信号，信号明显，间距为 20cm。信号在 7.0ns 处出现强信号，7.0~10.0ns 连续多次振荡，推测为脱空。 （3）> 10.0ns（参考厚度 50cm）信号振幅减小。信号在 11.0ns 处未出现月牙形信号，信号幅值弱，无法判断钢拱架信号	（1）0~1ns（参考厚度 5cm）内信号幅值较弱，波形均匀，界面反射信号； （2）连续小双曲线形信号，振幅强，信号在 1.0ns 处出现尖波，为第一层钢筋首波信号，信号明显，间距为 20cm。信号在 8.0ns 处出现强信号，8.0~10.0ns 连续多次振荡，推测为脱空。 （3）> 10.0ns（参考厚度 50cm）信号振幅减小。信号在 11.0ns 处未出现月牙形信号，信号幅值弱，无法判断出钢拱架信号	（1）0~1ns（参考厚度 5cm）内幅值较弱，波形均匀，界面反射信号； （2）检测到连续小双曲线形信号，信号振幅强，在 1.0ns 和 8ns 处出现尖波，为两层钢筋首波信号，信号明显，间距为 20cm。信号在 9.0ns 处出现强信号，9.0~10.0ns 连续多次振荡，推测为脱空。 （3）> 10.0ns（参考厚度 50cm）信号振幅减小。信号在 11.0ns 处未出现月牙形信号，信号幅值弱，无法判断出钢拱架信号

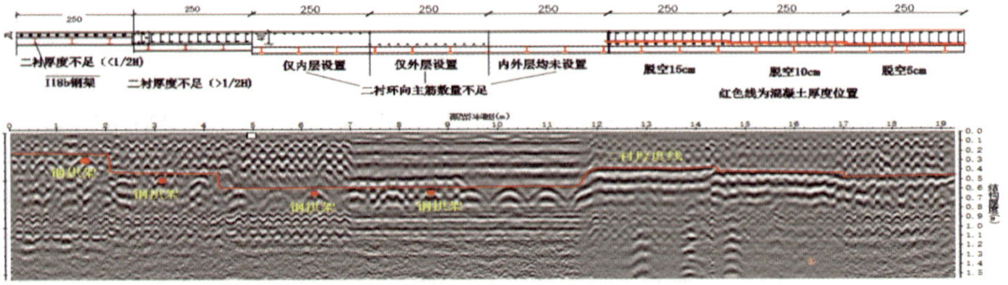

图 3.10　Crossover600 天线在Ⅲ、Ⅳ级围岩衬砌缺陷中检测图像

从以上各种衬砌缺陷雷达检测图像与衬砌模型缺陷的对比分析可以看出，雷达检测图像非常直观、清晰和可靠。说明使用地质雷达检测隧道衬砌是行之有效的，可为隧道衬砌标准图谱的建立奠定坚实的基础。

3.5　衬砌空洞、衬砌脱空标准雷达图像特征

图像的识别和解释是一个理论联系实际的问题，一方面基于经验对地质雷达图像作判译分析，另一方面根据检测现场的实际情况作出判断。在采用地质雷达检测衬砌隧道时，无缺陷与有缺陷时雷达的波形特征存在显著不同。这里的具体原因可以解释为电磁波在地层同一界面相同介质中的传播能量是不断衰减的，当电磁波穿过不同地层时，由于地层介电常数不同，会产生反射波，不同的缺陷所呈现的雷达反射波形图像特征明显不同[114]。通过建立1:1隧道含缺陷的试验模型，采用二维和三维地质雷达对多种典型缺陷的衬砌试验模型进行检测，可以得到含典型缺陷衬砌的地质雷达标准图谱。

3.5.1　正常衬砌标准图谱

在衬砌质量完好时，混凝土可以看作一个均质的各向同性地质体，电磁波在行进过程中不发生反射、绕射现象，在二次衬砌与初支或初支与围岩分界面上才有相对明显的反射，如图3.11、图3.12所示。地质雷达图像和波形特征通常表现为电磁波能量基本保持不变，波形均匀一致，无明显异常波形；在二次衬砌与初支分界面反射较清晰，特别是当初支中含钢拱架时，同相轴较平整、连续。

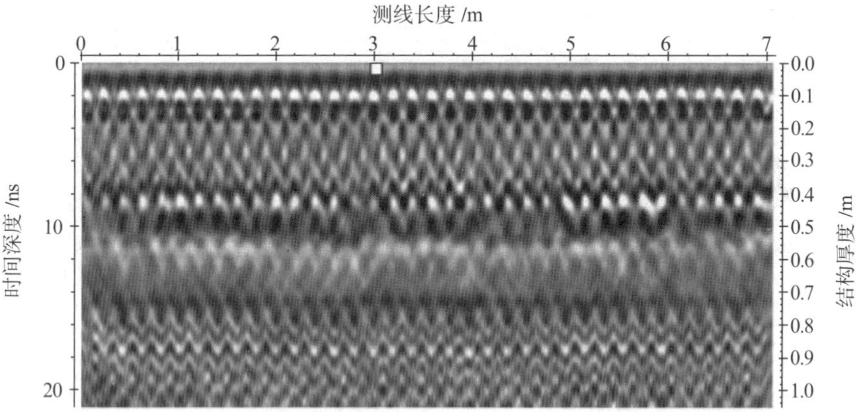

图 3.11　双层钢筋混凝土衬砌雷达图

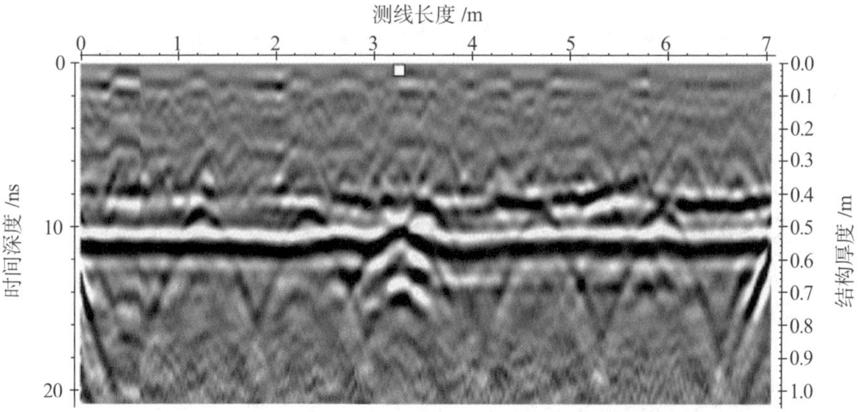

图 3.12　素混泥土衬砌雷达图

3.5.2　缺陷衬砌标准图谱

1. 衬砌脱空

脱空通常是指初期支护喷射混凝土、隧道围岩或衬砌之间不密实产生的空气层。由于空气与岩土、混凝土介质的介电常数存在明显差异，因此会在脱空区形成特别强的反射波，如图 3.13 所示。结合试验模型检测的雷达波形特征分析可得出：一般存在多次反射波形，从电磁波频谱图看，能量几乎不衰减，振幅几乎无变化、呈直线型。另外该区域最先到达的电磁波反射振相与混凝土表面的反射振相相反，即振相波峰（波谷）对波谷（波峰）。

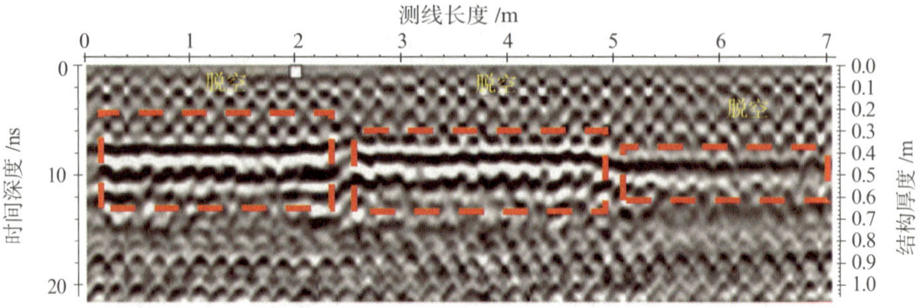

图 3.13　衬砌脱空地质雷达图

2. 衬砌空洞

由于空气相对介电常数为1，混凝土相对介电常数为7.4，二者的介电常数差异较大，所以当电磁波信号传播到空洞界面时，地质雷达图像中便出现强的界面反射信号。如果空洞尺寸较大，还会在界面信号下方产生绕射信号，如图3.14所示，以及多次振荡信号。

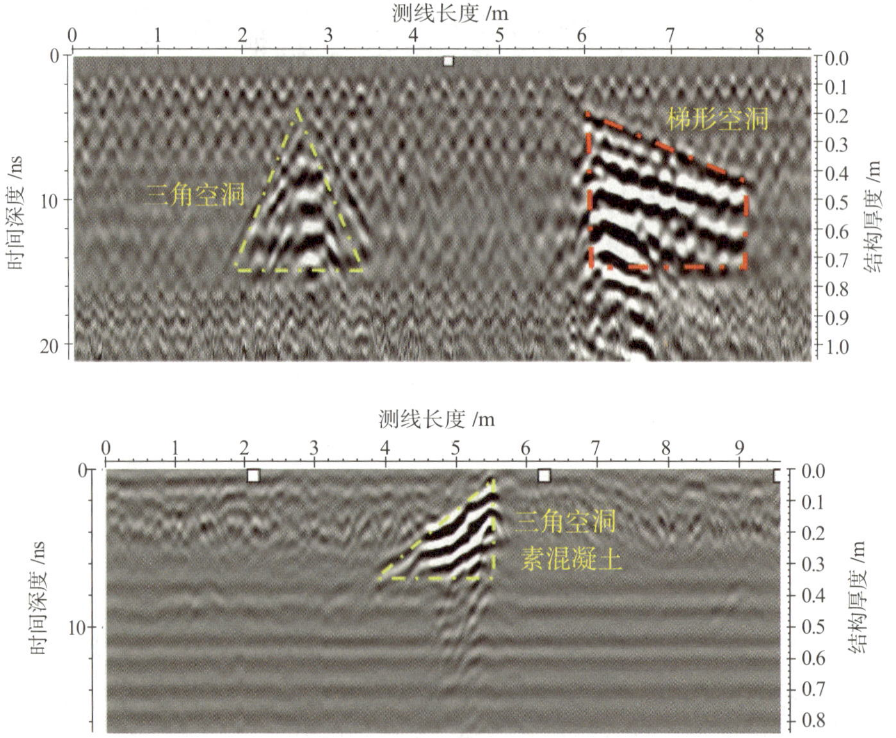

图 3.14　衬砌空洞地质雷达图

3. 二衬减薄

大多数减薄与衬砌脱空和空洞缺陷同时存在，并且部分是由于衬砌脱空和空洞的存在所导致的。原因是由隧道围岩欠挖而引起，由于初支侵限，以致二衬实际厚度小于设计厚度。判定二衬厚度是否满足设计要求，核心在于从雷达图像上准确定位混凝土与围岩的分界面。由于衬砌混凝土与周边围岩介电常数差别较大，特别是在空腔存在的情况下，雷达图像上有较为明显的界面反映（图 3.15）。

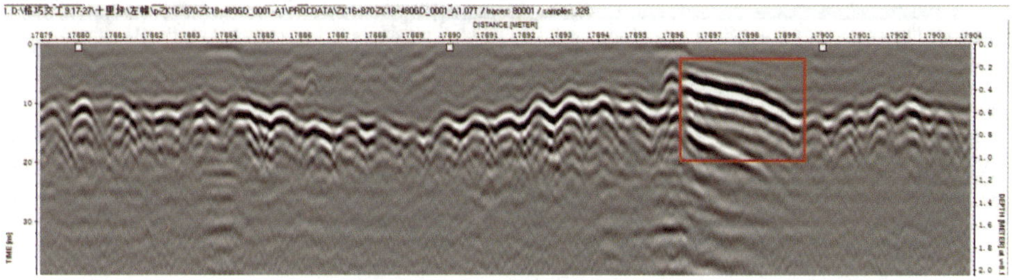

图 3.15　二衬减薄雷达图

第4章　隧道缺陷衬砌模型试验设计

在分析衬砌质量缺陷影响下衬砌的力学性能方面，现有的试验多采用小比例尺模型试验，从而降低了试验结果的可靠性[115]，且试验中多采用素混凝土，衬砌空洞缺陷条件下钢筋混凝土衬砌的力学性能尚没有相关的研究报道。鉴于此，本文以含缺陷衬砌为研究对象，设计了多种工况下的单一缺陷（衬砌背后空洞）及组合缺陷（衬砌背后空洞和衬砌减薄）两类1: 5比例尺衬砌模型试验，其一是为了分析单一缺陷及组合缺陷条件下NC衬砌的承载力和变形性能及破坏形态，在此基础上，建立了含缺陷衬砌的损伤破坏数值计算模型，研究了衬砌背后空洞、衬砌减薄及两种缺陷组合条件下衬砌的力学性能，并开展了参数敏感性分析，为评价缺陷对衬砌力学性能的影响及处治提供了科学依据；其二是为了研究拱顶和拱肩位置存在空洞条件下RC衬砌的承载力、裂缝分布及破坏规律，在合理描述材料本构关系、地层约束和边界条件的基础上，建立RC衬砌的数值计算模型，进而开展了空洞范围、空洞位置、地层条件和尺寸效应等参数的含缺陷衬砌力学特性的敏感性分析。

4.1　试验装置及测试系统

4.1.1　试验装置

目前已有的隧道衬砌加载试验装置，或是过于简单，只是按照简单的荷载-结构加载模式，未考虑周边围岩约束作用，或是过于烦琐，需要的材料和配件多，制作成本高，且不能模拟常见的地压加载方式，重复利用率低，组装复杂，不利于试验的高效开展。为开展衬砌受力性能模型试验，借鉴已有衬砌加载试验装置[81, 82]，考虑衬砌的自重对其极限承载力的影响较小，以及卧式加载比立式加载更安全稳定，从而研发了一种衬砌卧式加载装置（专利号为ZL201721195864.9），如图4.1所示，装置大小按照我国两车道公路隧道断面的

1∶5比例尺设计，研发的卧式加载系统主要包括反力框架、加载装置、地层约束系统、底部约束系统以及配合吊装衬砌的液压行走系统。该试验装置结构自重约为330kg，地面较光滑，测得结构的最大摩擦力为0.33kN，通过试验发现摩擦力为衬砌出现裂纹时荷载的3%，故可忽略摩擦力对衬砌承载能力的影响。反力框架采用9个H型钢构件通过螺栓拼装而成，H型钢构尺寸为3 950mm（宽）×2 610mm（高）×300mm（厚）。

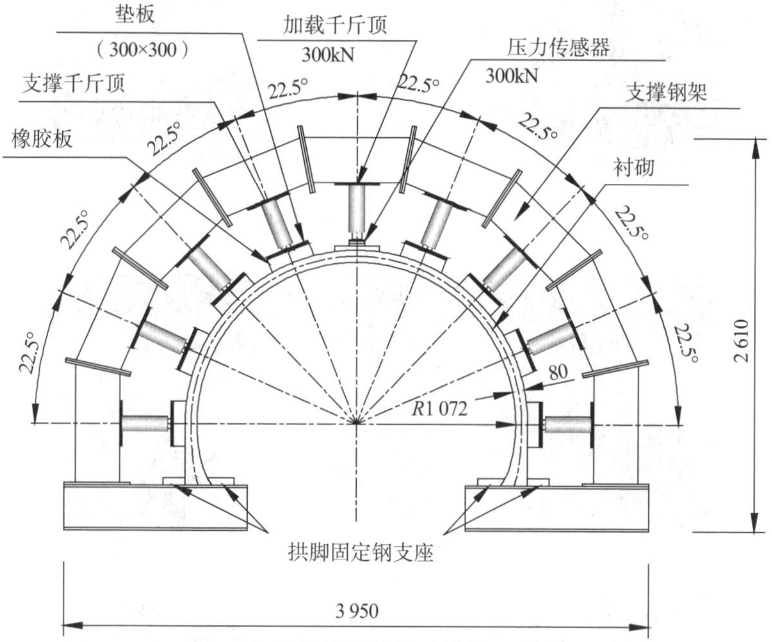

（a）加载装置示意图（单位：mm）

4.1.2　试验加载

每个钢构件中间均配置了一个千斤顶基座，通过千斤顶可以实现对衬砌拱圈施加荷载。千斤顶基座的两边均安装了橡胶板，通过反力框架、千斤顶、橡胶板与基座四者的结合，模拟围岩压力和衬砌对周边围岩的约束。另外，该装置还可通过拆除某处的千斤顶以模拟空洞缺陷；通过拱顶、拱肩位置的千斤顶施加压力，而其他部位的千斤顶不工作，以模拟拱顶、拱肩的受力工况。图4.2为竖向荷载下衬砌拱肩空洞的试验工况。

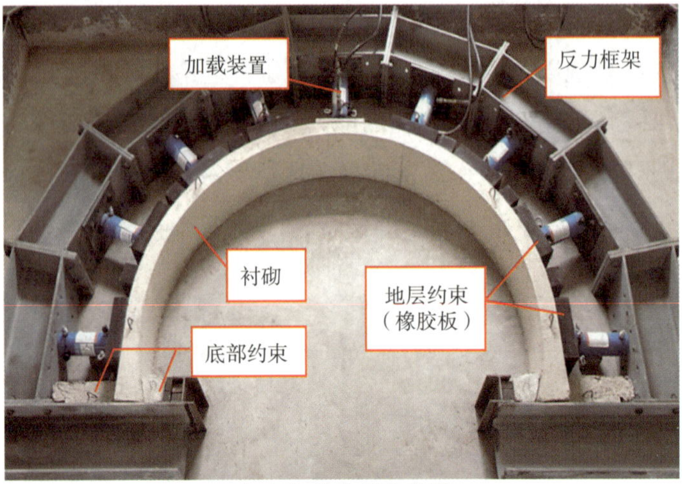

（b）加载装置实物图

图 4.1　模型加载装置

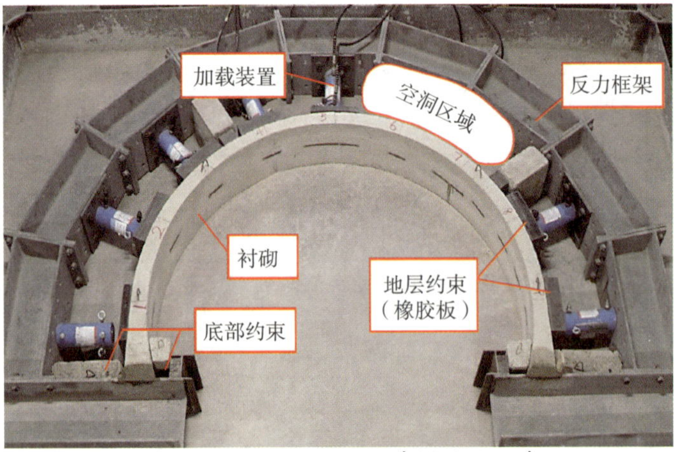

图 4.2　模型加载装置（拱肩空洞）

4.1.3　测试系统

在模型试验中，通过压力传感器、应变片和位移计构成的测试系统采集衬砌加载过程中施加的荷载、发生的位移和应变。以拱顶竖向加载为例，主要测试元件的布置见图 4.3。

为了准确得到衬砌加载过程中的位移变化情况，在衬砌内侧均匀布置 9 个位移量测点。考虑拱顶处加载时的位移量较大，故在拱顶处布设量程为 300mm，精度为 0.01mm 的 5G106 型位移计进行测量，剩余的 8 个位置采用量程为 100mm，精度为 0.01mm 的 5G105 型位移计进行测量；在衬砌内外侧对称布设 30 个长度为 100mm（缺陷处适当加密布置），应变极限为 2 万 μm/m 的电阻应变片测读内外侧应变；衬砌拱顶处采用 300kN 压力传感器测量竖向荷载。采用智博联生产的 ZBL-F101 型号的裂缝宽度计测量试验过程中产生的裂缝宽度。采用位移控制加载方式，加载速率为 0.3~0.5mm/min。试验中的 TST3826F-L 静态应变测试分析仪见图 4.4。

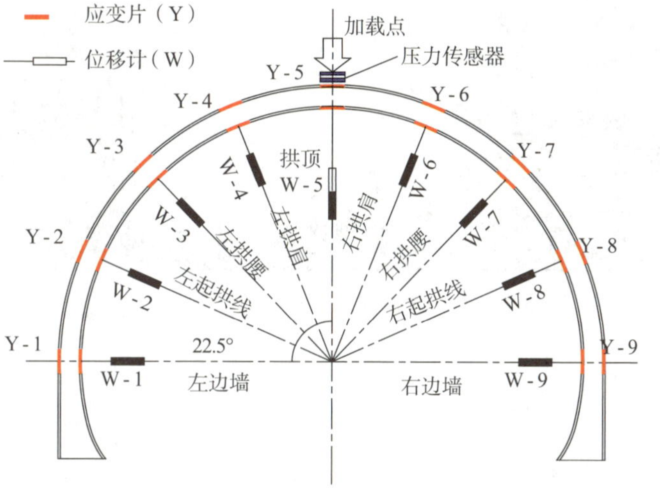

（a）元件布置

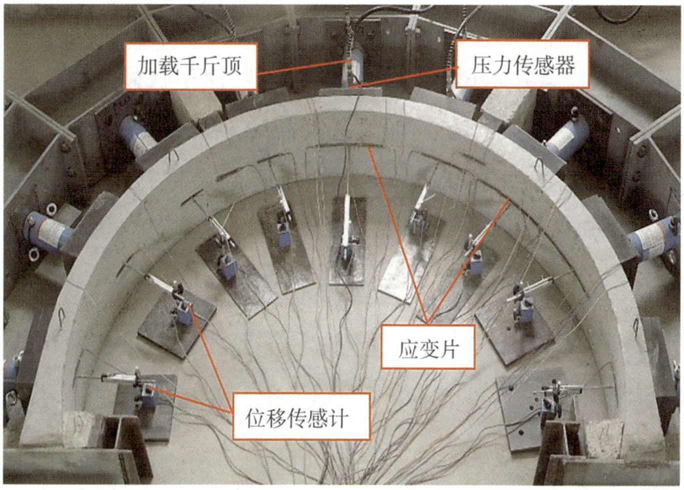

（b）测试照片

图 4.3　压力传感器、应变片和位移计布置

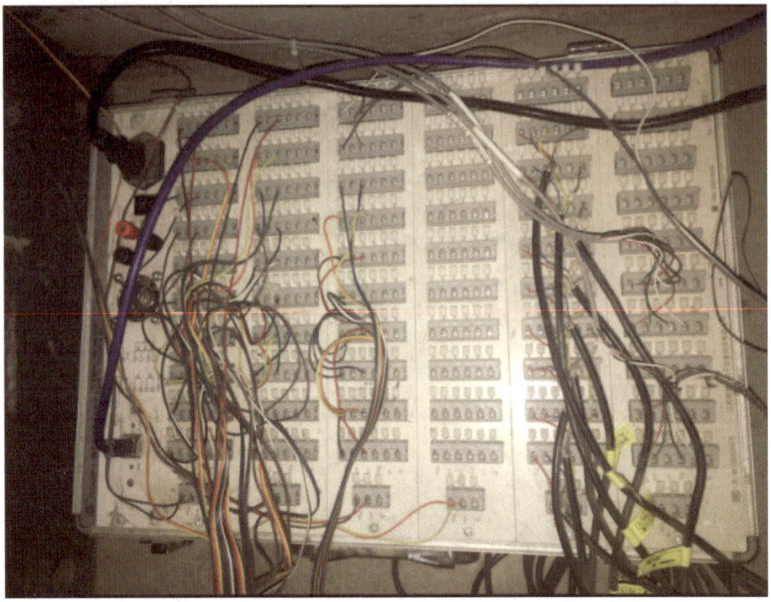

图 4.4　TST3826F-L 静态应变测试分析仪

4.2　试验准备

4.2.1　材料相似比

为改善常规研究中采用过小比例尺模型导致模型试验结果可靠性不高的问题，本书完成了1:5大比例尺模型试验。外荷载大体可分为竖向松弛地压、水平塑性地压和偏压。试验采用集中加载方式，以模拟衬砌受到3种常见地压情况下衬砌的力学特性，这也与已有研究的加载方式类似。

袁文忠[116]在《相似理论与静力学力学模型试验》中提到：设有一弹性体，其中一点应力可表示为

$$\sigma=f(E,\mu,\gamma,P,L) \tag{4.1}$$

式中：E、μ、γ、P、L分别表示为弹性模量、泊松比、容重、外荷载（以集中荷载表示）、几何尺寸。

根据相似理论：

$$\frac{\sigma}{E}=\phi\left(\frac{P}{EL^2},\frac{\gamma L}{E},\mu\right) \tag{4.2}$$

由式（4.2）可知，如满足：

$$C_{\rho}=C_{E}C_{L}^{2} \tag{4.3}$$

$$C_{E}=C_{\gamma}C_{L} \tag{4.4}$$

$$C_{\mu}=1 \tag{4.5}$$

则

$$C_{\mu}=C_{E} \tag{4.6}$$

式中：C_p、C_E、C_L、C_γ、C_μ分别为p、E、L、γ、μ的变换系数。

在式（4.4）中，因为$\gamma=\rho g$，ρ为材料的密度，量纲为[$FL^{-4}T^{2}$]；g为重力加速度，量纲为[LT^{2}]，所以：

$$C_{E}=C_{\gamma}C_{L}=C_{\rho}C_{g}C_{L} \tag{4.7}$$

如果用原型材料制作模型，则$C_\rho=C_E=1$，这时，式（4.7）转变为

$$C_{g}C_{L}=1 \tag{4.8}$$

在一般条件下，$C_g=1$，由此，$C_L=1$。但这时模型已“退化”为原型了。

试验利用研发的卧式加载装置完成，通过材料相似比研究得出可以忽略混凝土自重的影响，故本次试验采用原型材料来制作衬砌试件。

4.2.2　衬砌模型试验材料及衬砌构件制作

试验以两车道无仰拱的公路隧道衬砌为对象，隧道断面净宽11.8m，净高7.8m，完好衬砌厚度为0.4m，设计的缺陷衬砌主要缺陷类型为衬砌减薄和空洞。依据试验目的并参考模型试验相似理论，确定试验模型的几何相似比为1:5，材料相似比为1:1，即采用原型材料制作衬砌试件。考虑云南省普通国省道上已运营的隧道衬砌强度大部分为C25，故模型衬砌试件选用C25普通混凝土，其配合比见表4.1。经标准养护后，测定混凝土28d抗压强度为28.2MPa。衬砌试件按原型衬砌的1:5比例尺制作而成，完好衬砌试件宽2.3m、高1.56m、厚0.08m、纵向长0.3m。通过放置钢板隔离浇筑实现该部位衬砌厚度减薄，通过取消该位置液压千斤顶来模拟此处衬砌混凝土背后的空洞。对于RC衬砌，原型衬砌配筋率为0.7%，按照配筋率相等原则进行换算，确定模型

衬砌采用直径4mm@40cm的受力钢筋，采用2mm@50cm的分布钢筋，见图4.5。

衬砌试件制作过程如下：先按照缺陷衬砌试件尺寸加工一套衬砌钢模具，在试验场地内完成拼装并固定，在模具内需要减薄的部位放置并固定一块薄钢板，然后浇筑混凝土，确保一次浇筑完成并且不留施工缝，在标准养护条件下养护28d后，按加载方案进行测试元件的布设，之后进行加载试验。图4.6给出了无缺陷和拱顶减薄50%的衬砌试件示意图、钢模具及加工成型后的试件照片。

表4.1　衬砌模型试验所用混凝土配合比（质量比）

材料	水泥	粉煤灰	细骨料	粗骨料	水	减水剂
普通混凝土	1.0	0.18	2.53	3.6	0.54	0.006

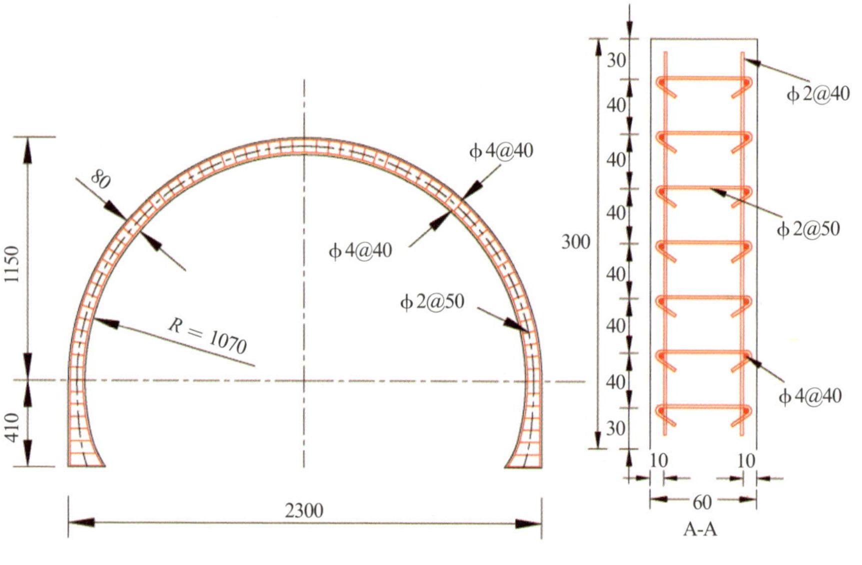

图4.5　试件几何结构和钢筋配置详情（单位：mm）

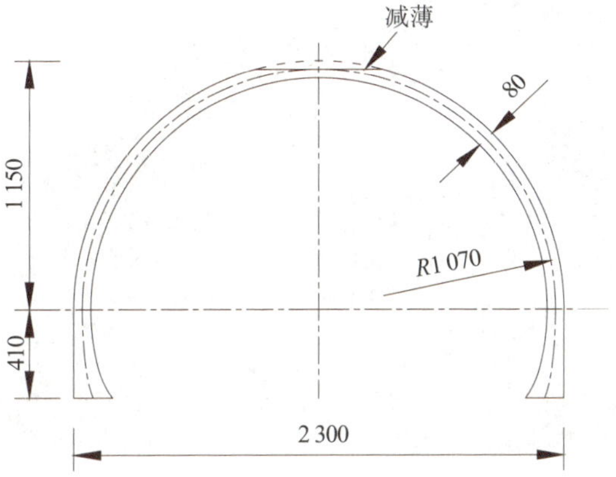

（a） 缺陷衬砌构件尺寸

（b）衬砌钢模具

（c）完好衬砌构件

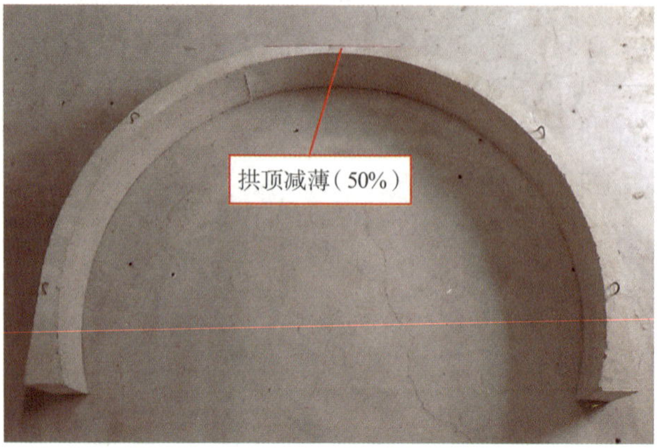

（d）拱顶厚度减薄衬砌构件照片

图 4.6　衬砌试件（单位：mm）

4.3　地层的模拟

为了模拟围岩的约束作用，借鉴已有模型试验的处理方式，在衬砌试件周边布置厚10cm的弹性橡胶板。橡胶板与衬砌接触的一侧加工成弧形以便与衬砌密贴，橡胶板的另一侧与电动液压千斤顶相连。橡胶板的弹性系数通过单轴压缩试验测定，测试的压缩-变形曲线如图4.7所示。

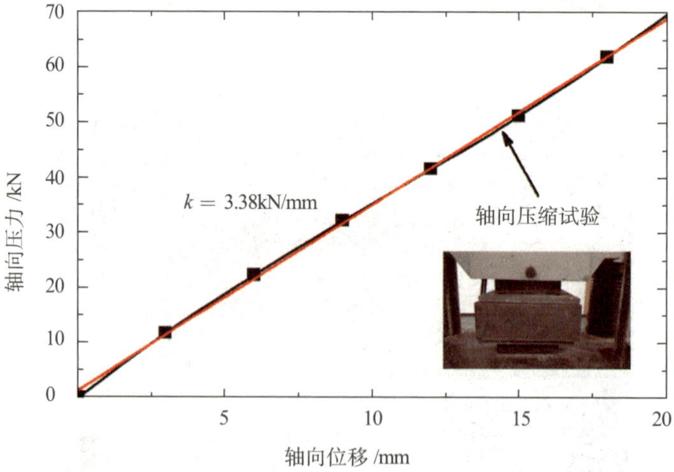

图 4.7　橡胶板的压缩－变形曲线

橡胶板压缩变形在20mm以内时，轴向荷载与变形呈线性关系，计算得到橡胶板的抗压刚度为3.38MN/m，换算成等效地层抗力系数k为27.9MPa/m。数值试验中地层刚度按《铁路隧道设计规范》（TB 10003—2016）中Ⅲ~Ⅴ级围岩的推荐地层抗力系数取值，见表4.2所示。

表 4.2　Ⅲ ~ Ⅴ 级围岩的推荐地层抗力系数取值

围岩级别	弹性反力系数 K /（MPa/m）	
	规范推荐值	数值试验取值
Ⅲ	500 ～ 1 200	850
Ⅳ	200 ～ 500	350
Ⅴ	100 ～ 200	150

4.4　相关指标

1. 常见地压模式

引起衬砌破坏的常见地压模式有竖向松弛地压、水平塑性地压和偏压3种形式，如图4.8（a）~（c）所示。

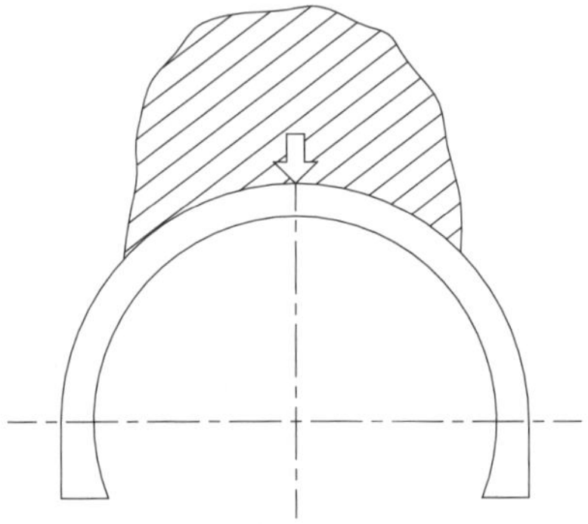

（a）竖向松弛地压

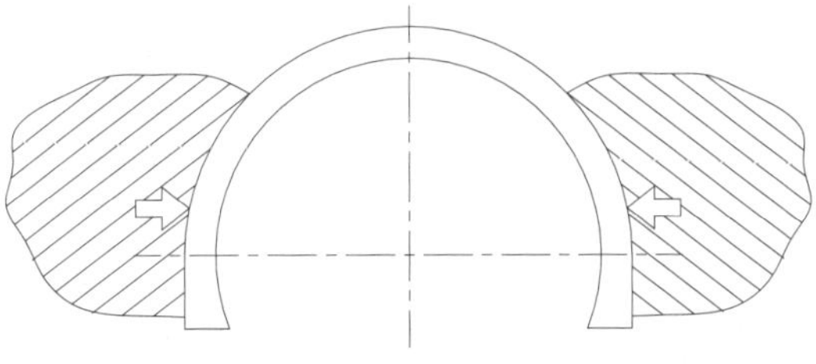

（b）水平塑性地压

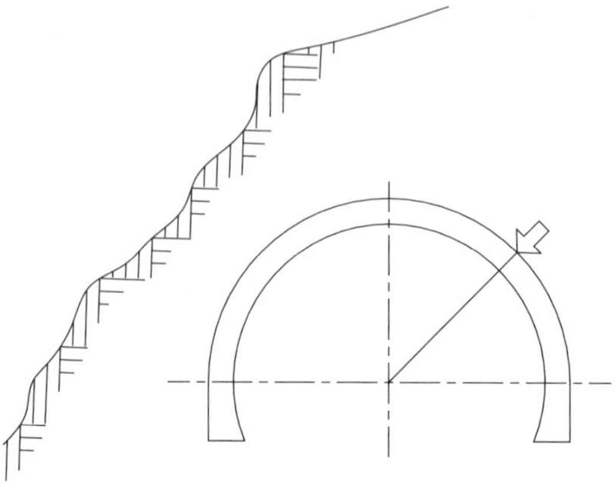

（c）偏压

图 4.8　引起衬砌变形破坏的常见地压模式

2. 空洞大小

空洞用符号“V”表示，用α角度表示空洞尺寸，见图4.9。

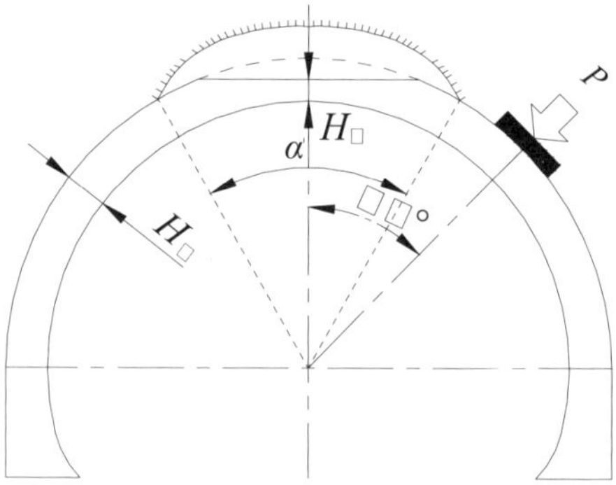

（a）拱顶空洞及厚度不足

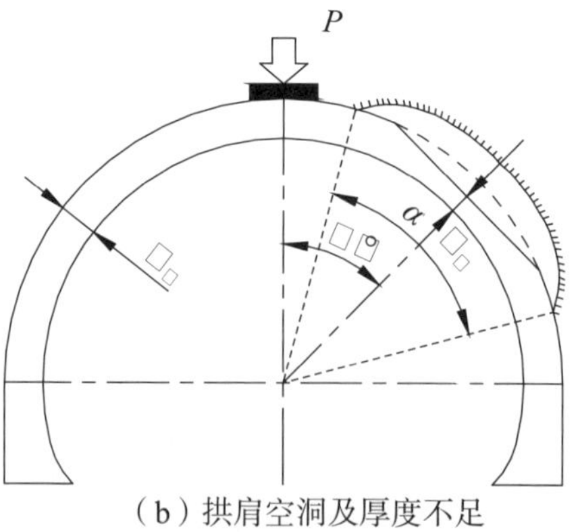

（b）拱肩空洞及厚度不足

图 4.9　模型试验工况设置示意图

3. 减薄比

衬砌减薄用符号“T”表示，减薄情况采用厚度减薄比δ表示：

$$\delta = (H_0 - H_1)/H_0 \times 100\% \tag{4-9}$$

式中：H_0和H_1分别表示减薄前和减薄后的衬砌厚度；H_1为衬砌厚度最薄位置的厚度。

4. 健全度

为评价既有缺陷对衬砌承载力的影响，引入健全度ζ，其表达式为

$$\zeta = P/P_0 \times 100\% \tag{4-10}$$

式中：P为缺陷衬砌的峰值荷载；P_0为无缺陷衬砌的峰值荷载。

图 4.9 给出了模型试验工况设置示意图。

第5章　缺陷对NC衬砌隧道力学性能的影响研究

目前，通过理论分析、数值模拟、现场检测及室内试验等多种方法，针对衬砌背后空洞和厚度不足等缺陷对隧道运营安全的影响已开展了一系列研究工作，并取得了较为丰富的成果。[117]。研究发现，由于衬砌背后空洞的存在，改变了隧道围岩荷载，导致围岩应力重分布，进而改变了衬砌的受力状态；空洞的位置不同，衬砌结构的受力状态、破坏模式及安全系数也不一样[118]。值得注意的是，最易产生空洞的拱顶部位，对结构安全系数的影响最大[119]。试验结果表明，随着空洞范围增大，衬砌的应力集中现象更加严重，衬砌的弯矩会明显增大，从而导致结构受力状态恶化、安全性降低。衬砌减薄，一方面会直接减小该部位衬砌截面的承载力和刚度，另一方面可能会减小支护结构与围岩之间的接触应力，在降低衬砌承载力和刚度的同时恶化了结构的受力状态[120]。在不同荷载条件下，厚度不足的衬砌会有不同的变形及破坏模式，产生病害的先后次序也随之发生改变[40]。在隧道工程实践中发现，衬砌减薄通常随着衬砌背后空洞的产生，在缺陷组合情况下衬砌力学性能与单一缺陷时不同[41]。

上述研究表明，隧道质量缺陷会改变衬砌内力及围岩压力，某些情况下还会导致衬砌破坏。但目前已有的研究主要是从衬砌内力、围岩压力的变化来评价缺陷的影响[120]，仅考虑了衬砌弹性阶段的力学行为。隧道缺陷在一些极端情况下会引起衬砌破坏，此时，还必须考虑衬砌的极限承载力和塑性行为，才能明确缺陷对衬砌承载力和变形性能的影响。检测数据表明，衬砌背后空洞与衬砌减薄一般会相伴发生。然而，大多数学者只是针对单一缺陷开展研究，对组合缺陷对隧道结构受力性能影响的研究报道甚少。

通过第4章所建立的1:5比例尺模型试验，考虑竖向松弛地压和偏压的两种常见地压模式与衬砌拱顶和拱肩两个易出现缺陷的典型部位，用以研究空洞以及空洞与衬砌减薄组合缺陷对衬砌力学特性的影响，从试验结果来看，该模型可以有效地用于分析组合缺陷对衬砌力学性能的影响。

5.1　空洞缺陷影响下的 NC 衬砌隧道模型试验

5.1.1　试验工况设计

根据竖向松弛地压和偏压的两种常见地压模式，对空洞缺陷影响下的NC衬砌隧道模型试验工况见表5.1。拱顶、拱肩分别设计了3个试验工况，合计共6个试验工况。

表 5.1　NC 模型空洞缺陷试验工况

编号	工况名称	荷载模式	衬砌背后空洞		衬砌减薄	
			空洞部位	空洞尺寸 α/（°）	减薄部位	减薄比 δ/%
1	V0（拱顶）	45° 斜向荷载	拱顶	0	拱顶	0
2	V30（拱顶）			30		0
3	V60（拱顶）			60		0
4	V0（拱肩）	竖向荷载	拱肩	0	拱肩	0
5	V60（拱肩）			60		0
6	V180（拱肩）			180		0

5.1.2　空洞缺陷对 NC 衬砌力学性能影响试验

由模型试验得到的衬砌的起裂荷载及其对应的位移，以及峰值荷载及其对应的位移和衬砌健全度，见表5.2。

表 5.2　模型试验主要结果

编号	工况	起裂荷载 / kN	起裂荷载对应位移 /mm	峰值荷载 / kN	峰值荷载对应位移 /mm	健全度 ζ /%
1	V0（拱顶）	11.15	2.3	61.15	39.3	100.0
2	V30（拱顶）	10.94	2.0	32.73	30.4	53.5
3	V60（拱顶）	9.32	1.0	15.30	1.7	25.0

续表

编号	工况	起裂荷载 / kN	起裂荷载对应位移 /mm	峰值荷载 / kN	峰值荷载对应位移 /mm	健全度 ζ/%
4	V0（拱肩）	11.24	2.1	53.81	54.1	100.0
5	V60（拱肩）	7.90	1.5	34.34	14.0	63.8
6	V180（拱肩）	5.67	1.0	7.04	2.5	13.1

5.1.3 含空洞缺陷 NC 衬砌变形破坏

衬砌的变形分布和破坏形态及其发展能直观、形象地反映衬砌的力学响应。图 5.1 和图 5.2 分别展示了峰值荷载时拱顶和拱肩空洞下衬砌的裂缝、变形及破坏特征。由于破坏时衬砌局部变形过大不能客观地反映衬砌的变形形态，因此，图中采用衬砌达到峰值荷载时的位移分布来表征其变形形态。

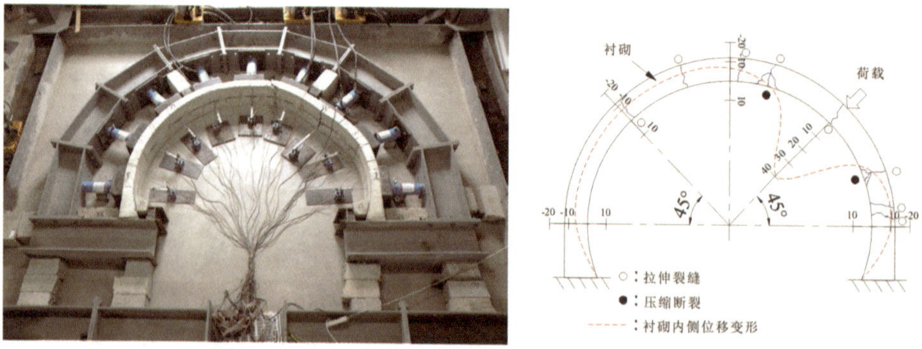

（a） 拱顶空洞（0°）

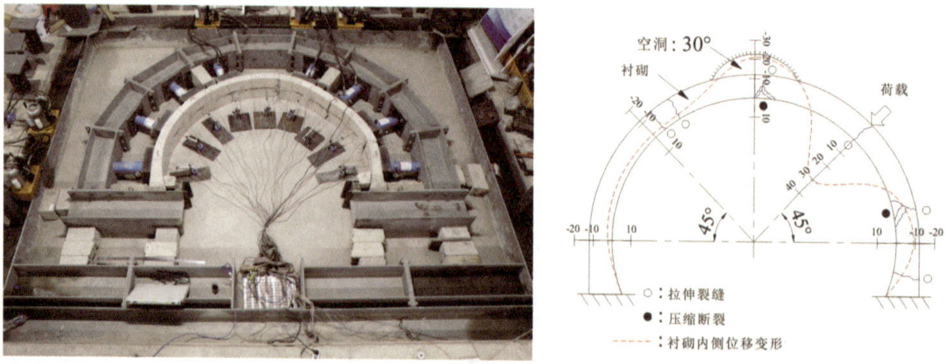

（b） 拱顶空洞（30°）

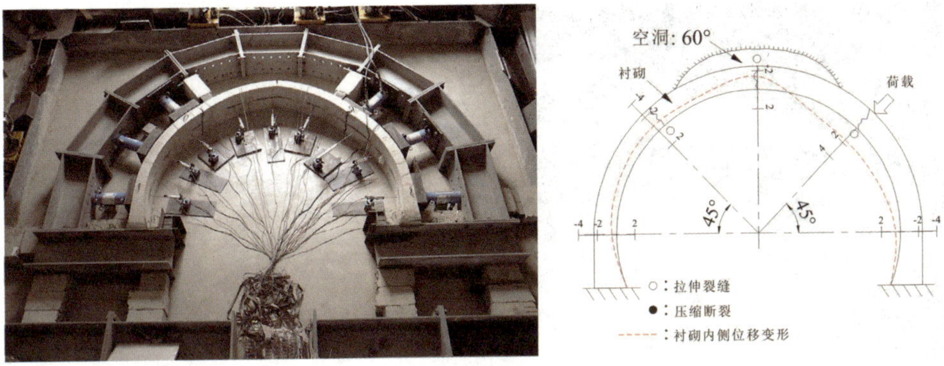

（c） 拱顶空洞（60°）

图 5.1　峰值荷载时衬砌裂缝及变形分布（单位：mm）

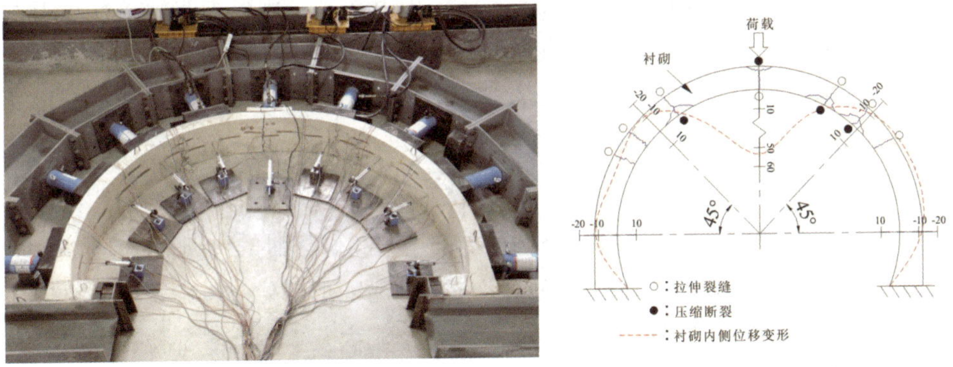

（a） 拱肩空洞（0°）

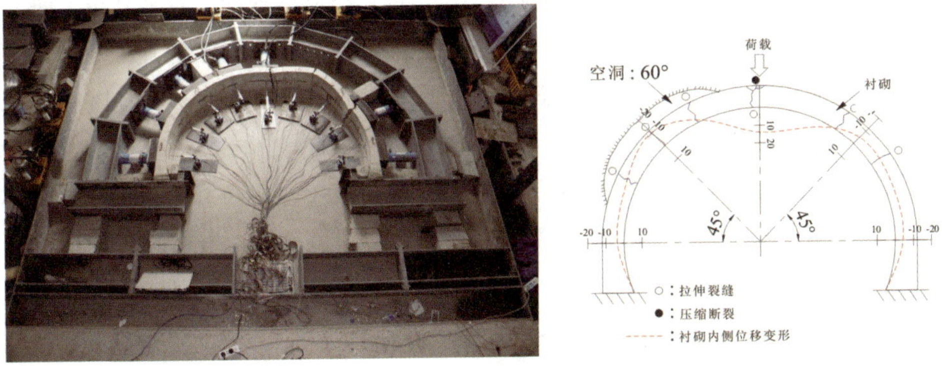

（b） 拱肩空洞60°

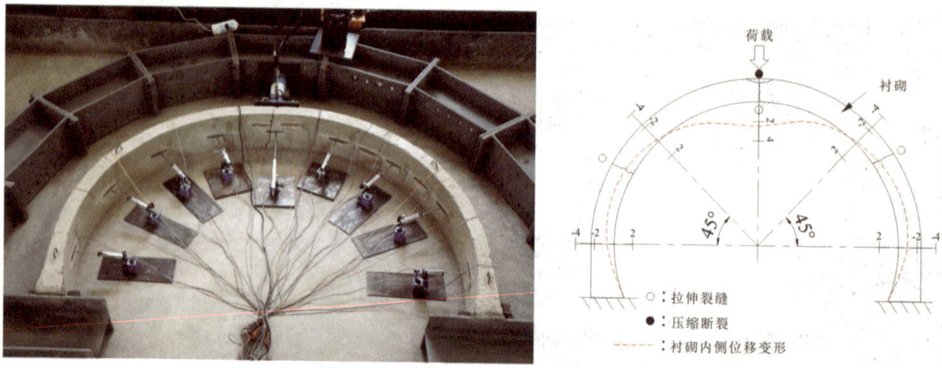

（c）拱肩空洞180°

图 5.2　峰值荷载时衬砌裂缝及变形分布（单位：mm）

根据图5.1（a）可看出，在偏压荷载作用下，无空洞衬砌的裂缝分布主要集中在加载点位置及其两侧靠近拱顶和边墙部位，衬砌变形集中在加载点位置，以3个塑性铰的形成而丧失承载力为典型的结构破坏型特征。当拱顶空洞尺寸分别为30°和60°时，衬砌破坏特征与无空洞衬砌类似，均以3个截面丧失承载力而破坏，但破坏部位向空洞及其附近位置偏移，见图5.1（b）、（c）。从衬砌变形破坏的结果可以看出，随着空洞尺寸的增大，破坏时的衬砌整体变形减小，空洞处衬砌的变形相对整体变形而增大，成为易变形部位；衬砌裂缝向空洞部位集中，除加载点位置外，裂缝主要分布在空洞内及空洞边缘部位，说明空洞处是衬砌受力的薄弱部位。

由图5.2可知，在竖向荷载作用下，衬砌的变形及裂缝均呈对称分布。而当拱肩存在空洞（空洞尺寸为60°）时，衬砌变形及裂缝分布向空洞处偏移，呈非对称分布。拱肩空洞对衬砌力学行为的影响与拱顶空洞类似，随着拱肩空洞尺寸的增大，衬砌的脆性也增大，衬砌达到破坏时的整体位移量下降，空洞处衬砌成为受力薄弱部位。当衬砌完全失去围岩约束（空洞尺寸为180°），加载位移仅1mm时衬砌拱顶内侧即出现可见裂缝，加载位移为2.5mm时衬砌拱顶及两侧拱肩裂缝迅速扩展直至贯通，衬砌达到极限承载力并迅速破坏。由此可见，空洞的存在恶化了衬砌的受力状态，改变了衬砌的变形、裂缝及破坏形态。

5.1.4　空洞缺陷下NC衬砌试验数据处理分析

1. 衬砌应变－位移曲线

从拱顶空洞处的应变-位移曲线如图5.3（a）可以看出，拱顶内侧A点受压，外侧B点受拉。在不同空洞尺寸下，A点压应变未呈现一致性变化规律。其中，无空洞时，A点压应变随加载位移的增加先逐渐增大，达到某一应变值后迅速增大，之后逐渐降低，最后趋于稳定。在空洞尺寸为30°和60°时，A点压应变随加载位移的增加逐渐增大，变化较为平稳。不同试验工况下，B点拉应变-位移曲线的变化规律相似，均表现为先平稳增大，当达到某一拉应变值后应变陡增，说明此时的衬砌拱顶部位已开裂破坏。随着空洞尺寸的增大，相同加载位移下B点拉应变越大，而达到临界拉应变（曲线拐点处的应变）所需的加载位移越小，表明空洞处衬砌的拉损伤越大，因此更容易开裂破坏。

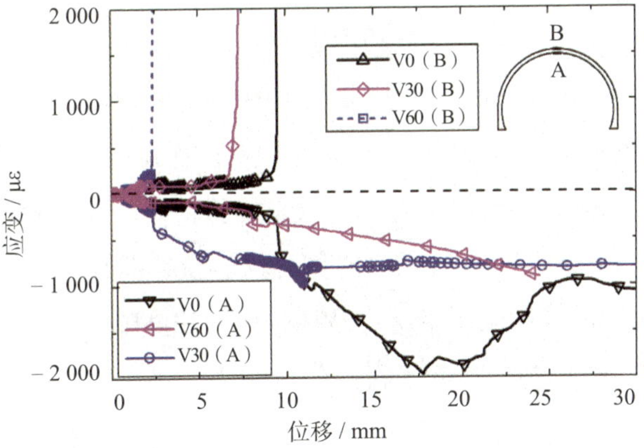

（a） 拱顶

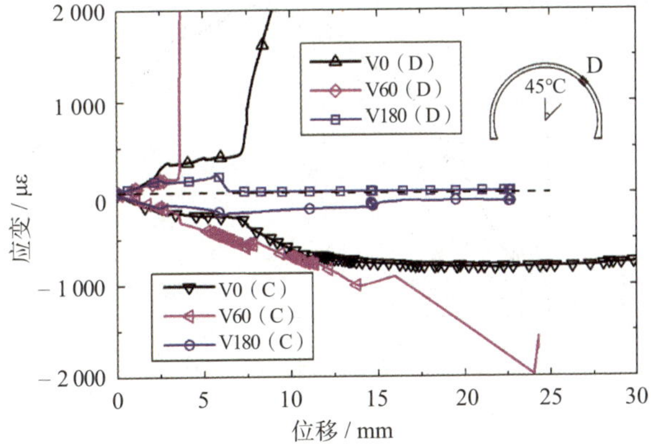

（b） 拱肩

图 5.3 空洞缺陷衬砌应变 – 位移曲线

由拱肩空洞处的应变-位移曲线图5.3（b）可看出，拱肩内侧C点受压，外侧D点受拉。拱肩C点压应变与A点压应变的变化相似，也未随空洞尺寸的增加呈现一致性增长。D点拉应变与B点拉应变变化规律一致，应变均表现为两个阶段发展，但D点拉应变随加载位移的增大，其增长速率更快，随空洞尺寸的增大，其影响程度略小。此处需要说明的是，因测点布设位置的原因，图5.3（b）中空洞尺寸180°工况的拉、压应变曲线并不在拱肩破坏部位。

2. 荷载－位移响应

由于存在空洞缺陷，作用在衬砌结构的围岩压力荷载会改变，造成应力重分布和应力集中。因此，采用荷载-结构法研究衬砌背后空洞对结构受力性能的影响时，必须考虑在其位置两侧的围岩压力荷载的集中效应。

从不同空洞下衬砌的荷载-位移曲线（图5.4）可以看出，不同空洞下衬砌的荷载-位移有明显差异（如图5.4），差异主要体现在衬砌构件受力状态的三个阶段，即未开裂前的弹性阶段、起裂荷载至峰值荷载的屈服阶段和峰值后的破坏阶段。随着空洞范围的增大，划分衬砌荷载-位移曲线三阶段的两个界限值明显减小，三阶段曲线过渡不平缓，破坏阶段曲线陡降。可见，空洞的存在改变了荷载-位移曲线形态，降低了衬砌的承载力，增大了衬砌的脆性，影响了衬砌的非弹性力学行为。

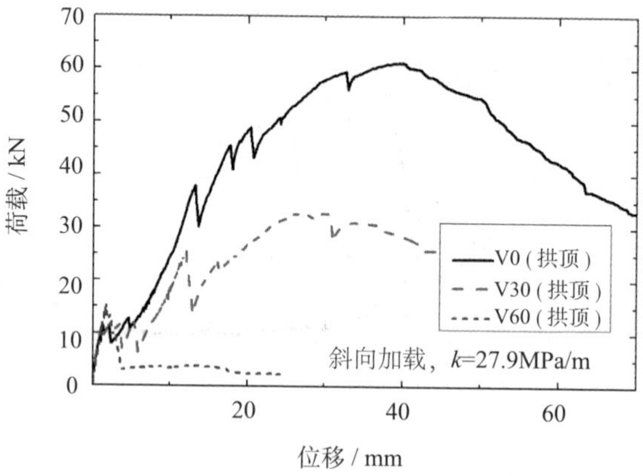

（a）拱顶

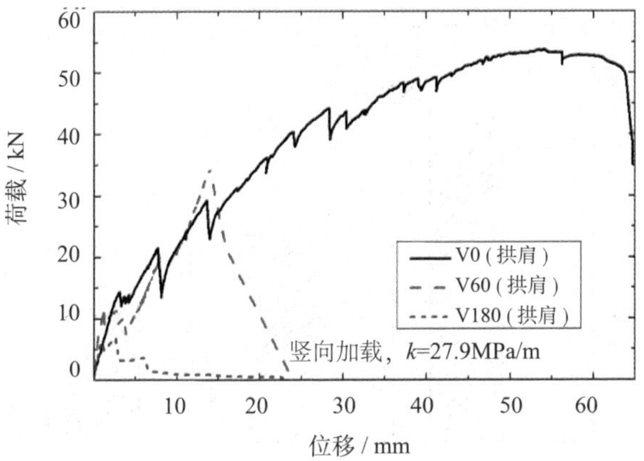

（b）拱肩

图 5.4　空洞缺陷衬砌的荷载 – 位移曲线

由图5.5（a）可知，拱顶空洞尺寸从0°（无空洞）增大到60°时，衬砌的起裂荷载从11.15kN下降到9.32kN，起裂荷载对应位移从2.3mm减少到1mm，起裂荷载及其位移分别下降了16.4%和56.5%；由图5.6（a）可知，峰值荷载从61.15kN下降到15.3kN，峰值荷载对应位移从39.3mm减少到1.7mm，下降率分别为75%和95.6%。从表5.2可以看出，当拱顶空洞范围在30°和60°时，衬砌健全度分别为53.5%和25%。由此可见，随着拱顶空洞尺寸的增加，衬砌更容易开裂，其承载力和变形能力明显下降。特别是当拱顶空洞尺寸达到60°时，衬砌在很小的位移荷载下就会发生破坏。

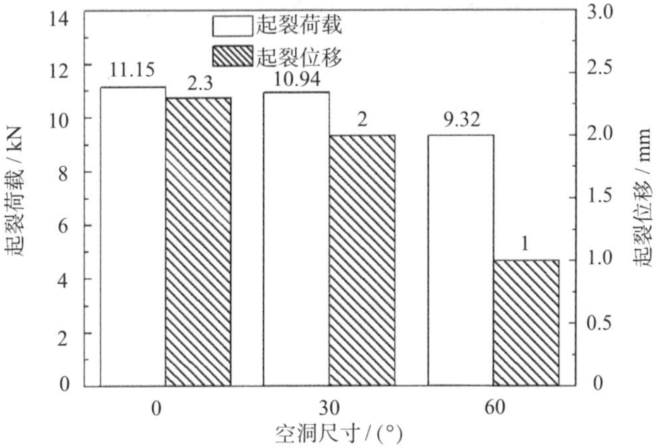

（a）拱顶

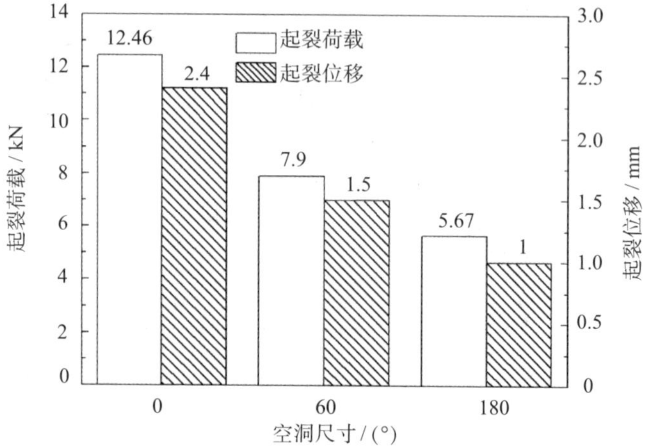

（b） 拱肩

图 5.5 不同空洞尺寸下的衬砌起裂荷载及其位移

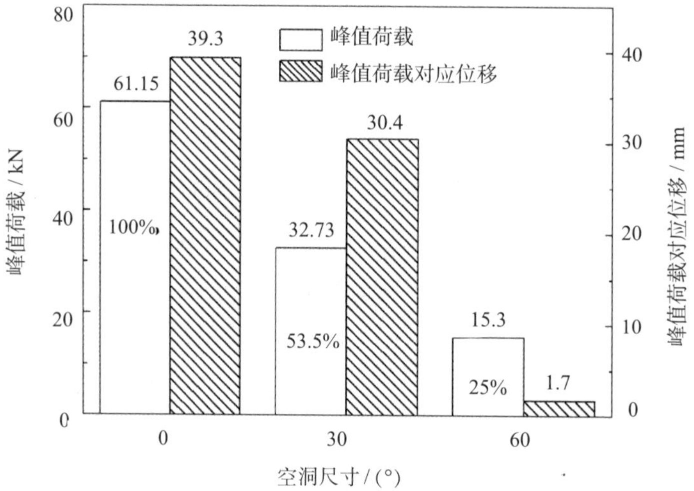

（a） 拱顶

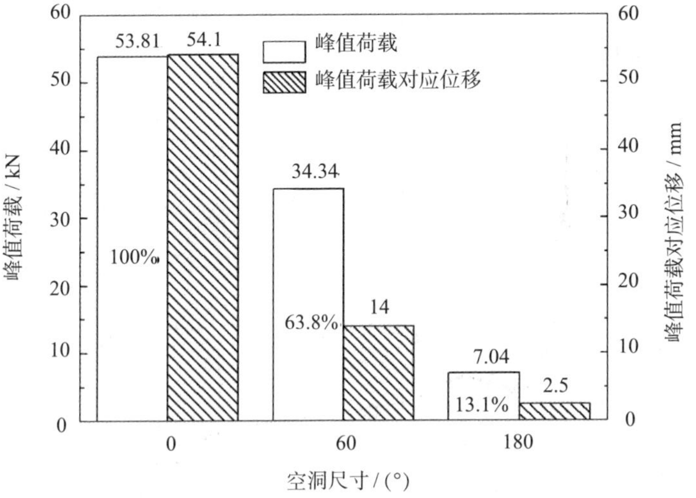

（b） 拱肩

图 5.6　不同空洞尺寸下的衬砌峰值荷载及其位移

由图5.5（b）可知，拱肩空洞尺寸从0°增大到60°时，衬砌的起裂荷载从12.46kN下降到7.9kN，起裂荷载对应位移从2.4mm减小到1.5mm，起裂荷载及其位移分别下降了36.6%和37.5%；由图5.6（b）可知，峰值荷载从53.81kN下降到34.34kN，峰值荷载对应位移从54.1mm减少到14.0mm，下降率分别为36.2%和74.1%。试验结果表明，拱肩空洞对衬砌荷载-位移响应的影响与拱顶空洞相似，但其影响程度小一些。当衬砌完全没有围岩约束时（空洞尺寸180°），其起裂荷载及其对应的位移分别为5.67kN和1.0mm，分别仅为无空洞衬砌的45.5%和0.42%；峰值荷载及位移分别为7.04kN和2.5mm，分别仅为无空洞衬砌的13.1%和4.6%；其健全度仅为13.1%。此时，衬砌的承载力显著降低，其变形性能基本丧失。可见，围岩的约束显著影响衬砌的力学响应。

3. 割线刚度

割线刚度可描述存在空洞时衬砌构件的刚度退化[121]。随着加载位移的增大，不同工况下衬砌的割线刚度随位移的变化类似，均表现为先迅速降低，之后下降减缓，最后趋于平稳（图5.7）。当空洞尺寸越大，加载初期的割线刚度衰减越快，残余刚度越小。从图5.7可以看出，当拱顶空洞尺寸达到60°和拱肩空洞尺寸达到180°时，衬砌的割线刚度基本为0。由此可见，衬砌刚度受空洞的影响较大，削弱了衬砌的刚度稳定性。

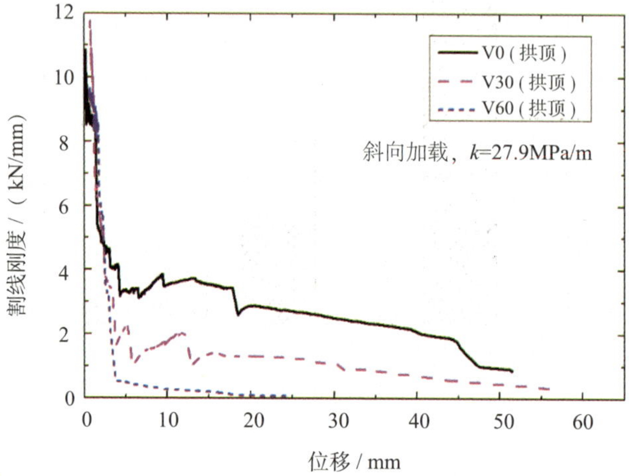

（a）拱顶

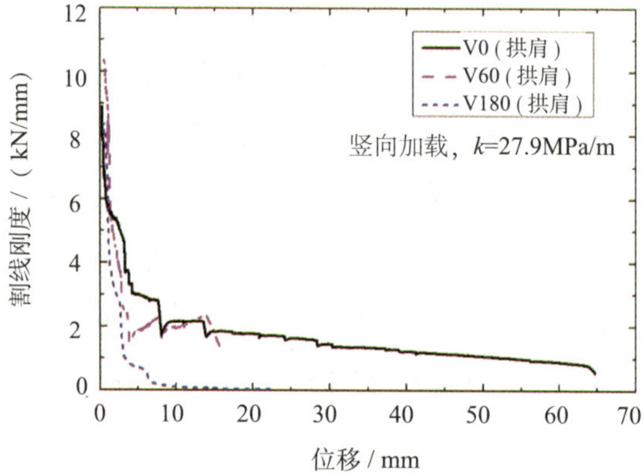

（b） 拱肩

图 5.7　空洞缺陷衬砌割线刚度 – 位移变化曲线

5.2　空洞和衬砌减薄组合缺陷对隧道力学性能的影响

5.2.1　试验工况设计

对空洞和衬砌减薄组合缺陷影响下的NC衬砌隧道模型试验工况见表5.3。表中显示，拱顶设计了3个试验工况，拱肩设计了2个试验工况，合计共5个试验工况。

表 5.3　NC 模型空洞和衬砌减薄组合缺陷试验工况

编号	工况名称	荷载模式	衬砌背后空洞		衬砌减薄	
			空洞部位	空洞尺寸 α/（°）	减薄部位	减薄比 δ/%
1	V60T25（拱顶）	45°斜向荷载	拱顶	60	拱顶	25
2	V60T50（拱顶）			60		50
3	V0T50（拱顶）			0		50
4	V30T25（拱肩）	竖向荷载	拱肩	30	拱肩	25
5	V60T50（拱肩）			60		50

5.2.2　空洞和衬砌减薄组合缺陷对 NC 衬砌力学性能影响的试验

模型试验得到了衬砌的起裂荷载及其对应的位移、峰值荷载及其对应的位移和衬砌健全度，结果见表 5.4。

表 5.4　空洞和衬砌减薄组合缺陷模型试验主要结果

编号	工况	起裂荷载 / kN	起裂荷载对应位移 / mm	峰值荷载 / kN	峰值荷载对应位移 / mm	健全度 ζ/%
1	V60T25（拱顶）	8.31	1.0	12.71	1.4	20.8
2	V60T50（拱顶）	8.20	0.9	12.17	1.4	19.9
3	V0T50（拱顶）	8.61	2.1	58.45	25.3	95.5
4	V30T25（拱肩）	9.32	1.3	30.40	9.9	56.5
5	V60T50（拱肩）	7.70	1.2	17.23	5.6	32.0

5.2.3　空洞和衬砌减薄组合缺陷下衬砌变形破坏

从拱顶组合缺陷 V60T25 下衬砌的裂缝和变形分布图（图 5.8）可以看出，相比无缺陷衬砌的峰值荷载（61.15kN）和 V60 单一缺陷工况衬砌的峰值荷载（15.30kN），V60T25 和 V60T50 两种组合缺陷工况的衬砌峰值荷载下降到 12.71kN 和 12.17kN；相比无缺陷衬砌的峰值荷载对应位移（39.3mm）和 V60 单一缺陷工况衬砌的峰值对应位移（1.7mm），V60T25 和 V60T50 两种组合缺陷工况的衬砌峰值荷载对应位移均下降到 1.4mm；相比无缺陷衬砌和 V60 单一缺陷工况衬砌，V60T25 和 V60T50 两种组合缺陷工况的衬砌在更小的外力作用下即达到峰值荷载进入破坏阶段。虽然衬砌变形分布与拱顶空洞 60° 工况相似，但变形向拱顶缺陷位置集中的现象不如单一空洞工况明显。两种组合缺陷工况的裂缝分布基本一致，主要位于两侧拱肩和拱顶缺陷中心这3个部位。衬砌以受拉和受剪破坏为主，未出现压溃现象。

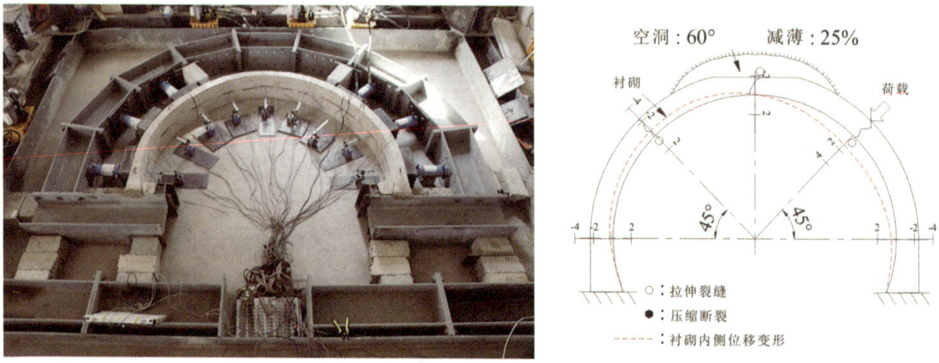

（a）拱顶组合缺陷V60T25

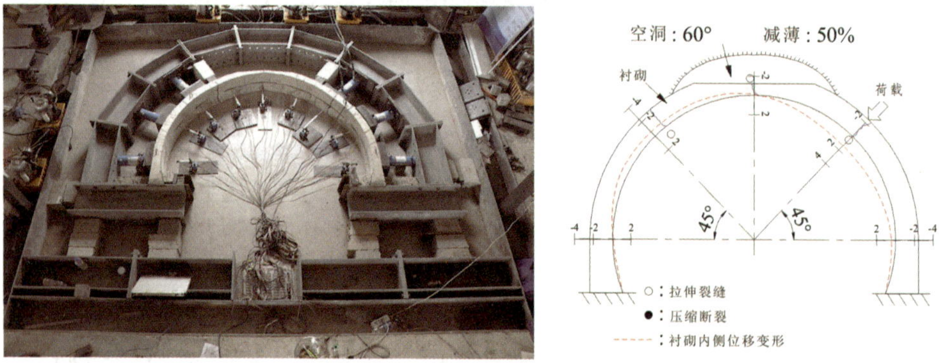

（b）拱顶组合缺陷V60T50

图5.8　峰值荷载时衬砌裂缝及变形分布

图5.9显示了拱肩组合缺陷下衬砌的裂缝及变形分布。由图5.9可知，相比无缺陷工况峰值荷载和峰值荷载对应的位移（61.15kN，39.3mm），两个拱肩组合缺陷工况V30T25和V60T50达到峰值荷载和对应的位移分别为30.40kN、9.9mm和17.23kN、5.6mm，峰值荷载和破坏时的位移更小，而与拱顶组合缺陷一致，说明组合缺陷的存在明显削弱了衬砌的抗变形能力。衬砌变形分布与拱肩空洞60°时工况相似，变形向拱肩缺陷位置集中；衬砌裂缝主要分布在左拱肩缺陷中心及其边缘处，拱顶及右拱肩4个部位。当组合缺陷程度不大时（V60T25工况），衬砌同时存在拉裂和压溃破坏；随着缺陷程度的增加，衬砌仅

表现为受拉破坏，这说明不同缺陷性状对应着不同的破坏模式。

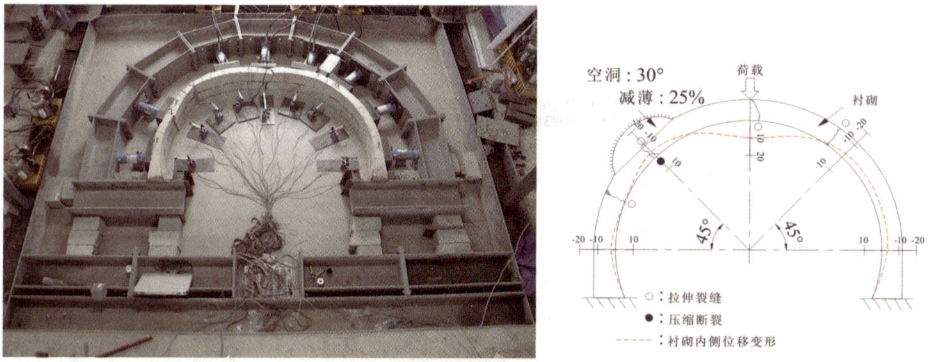

（a）拱肩组合缺陷V30T25

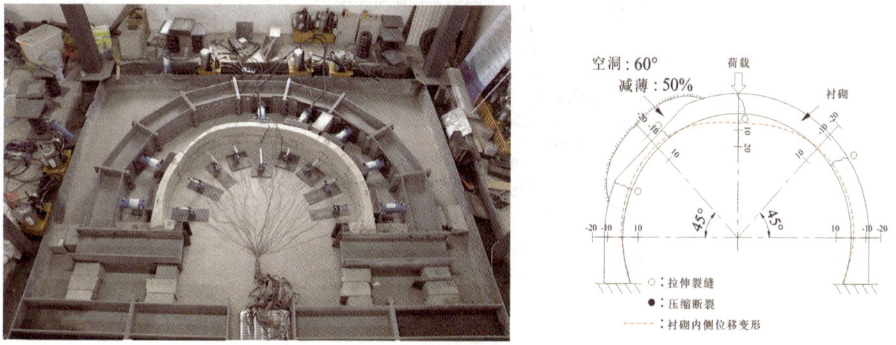

（b）拱肩组合缺陷V60T50

图 5.9　峰值荷载时拱肩衬砌裂缝及变形分布

5.2.4　空洞和衬砌减薄组合缺陷下 NC 衬砌试验数据的处理分析

1. 衬砌应变 – 位移曲线

据图5.10（a）显示，当衬砌拱顶存在组合缺陷时，与无缺陷衬砌相比，拱顶内侧A点压应变减小，而拱顶外侧B点拉应变增长速率增大，达到应变陡增段所需的位移明显减小。这说明组合缺陷衬砌的偏心距增大，表现为弯曲受拉破坏特征。V60T25和V60T50工况的拉应变曲线与V60工况较接近，达到临界拉应变时的位移略小于V60工况，而压应变曲线与V60工况有明显差异。可见，衬砌减薄主要影响压应变，而对拉应变的影响较小。当衬砌拱肩存在组合缺陷时，拱肩应变表现为C点压应变和D点拉应变增长速率均增大，其应变-位移关系曲线形态与拱顶类似如图5.10（b）所示。

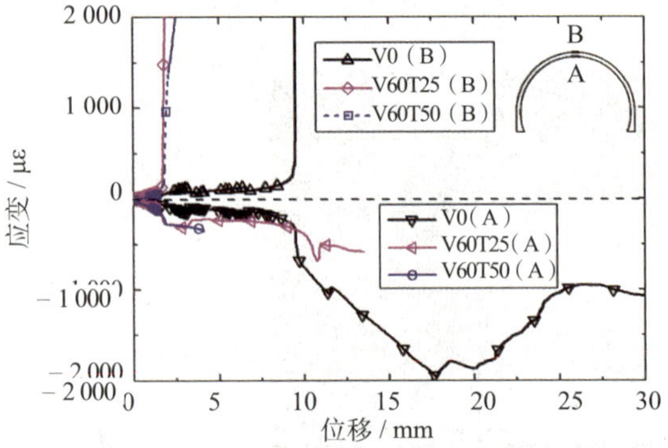

（a） 拱顶

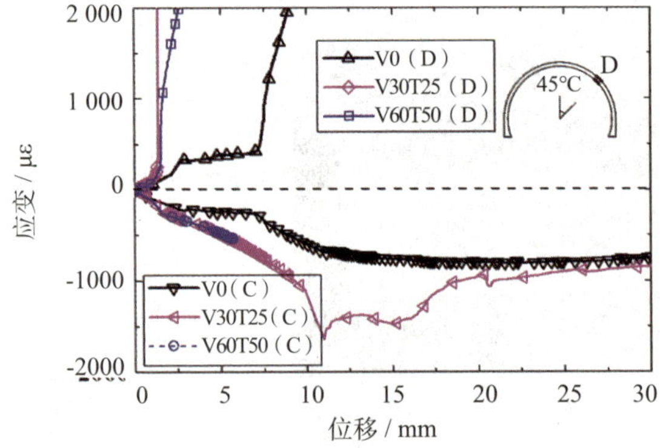

（b） 拱肩

图 5.10　组合缺陷下衬砌应变 – 位移曲线

2. 荷载 – 位移响应

不同组合缺陷下衬砌的荷载-位移响应见图5.11。当同时存在空洞和衬砌减薄缺陷时，衬砌荷载-位移曲线变化与仅存在空洞时类似，表现为衬砌受力的三阶段特征弱化，与此同时，界限值减小。随着组合缺陷程度的增加，衬砌荷载-位移曲线呈尖锐锯齿状，衬砌力学性能明显降低。

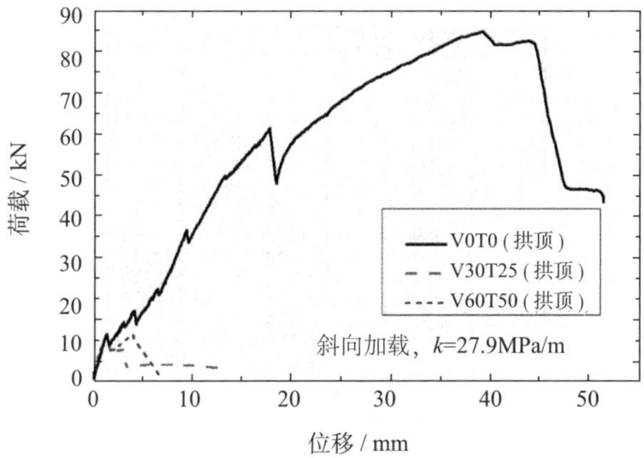

（a） 拱顶

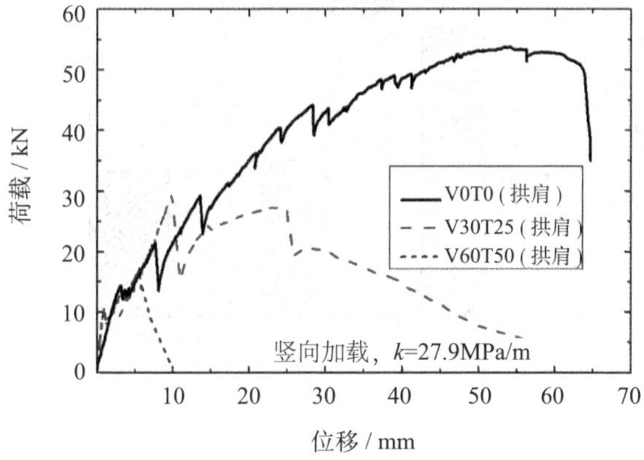

（b） 拱肩

图 5.11　不同组合缺陷下衬砌的荷载 – 位移曲线

由图5.12（a）、表5.2和表5.4可知，对于拱顶V60T25组合缺陷工况，衬砌起裂荷载及其对应位移分别为完好衬砌的74.5%和43.4%，峰值荷载及其对应位移分别仅为完好衬砌的20.8%和3.6%；对于拱顶V60T50组合缺陷工况，衬砌起裂荷载及其对应位移分别为完好衬砌的73.5%和39.1%，峰值荷载及其对应位移分别仅为完好衬砌的19.9%和3.6%。在这两种工况下，衬砌健全度仅为20%左右，表现为与地面拱结构接近的承载力，而且其变形能力基本丧失。对比V60T25和V60T50工况结果发现，减薄对衬砌整体承载力的影响较小。这是由于衬砌减薄主要影响减薄截面的承载力和变形能力，若不对减薄截面直接施加荷载，则不会明显影响衬砌的整体承载性能。

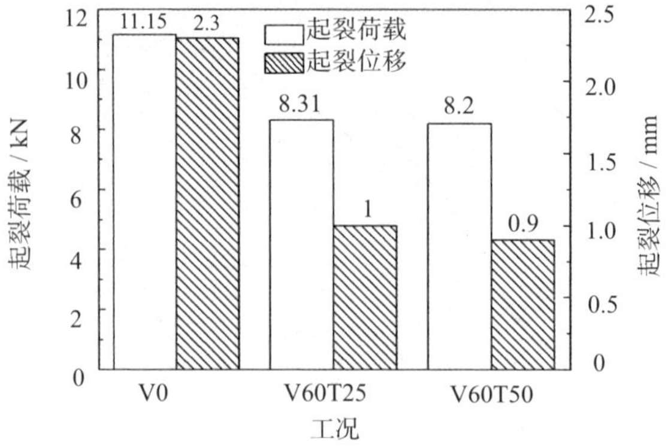

（a） 拱顶

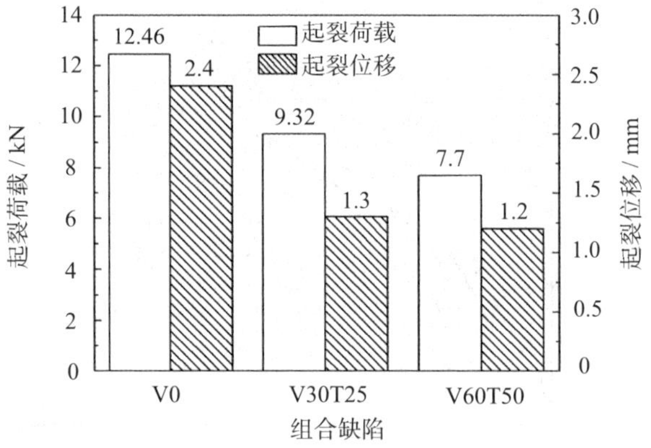

（b） 拱肩

图 5.12　不同组合缺陷下衬砌的起裂荷载及其位移

从图 5.12（b）、表 5.2 和表 5.4 可看出，当拱肩衬砌同时存在空洞和减薄时，其荷载-位移曲线形态、起裂荷载及其位移、峰值荷载及其位移变化规律均与拱顶衬砌组合缺陷的相似，但其影响程度略小。对于拱肩 V30T25 组合缺陷工况，衬砌起裂荷载及其对应位移分别为完好衬砌的 74.8% 和 54.2%，峰值荷载及其对应位移分别为完好衬砌的 56.5% 和 18.3%；对于拱肩 V60T50 组合缺陷工况，衬砌起裂荷载及其对应位移分别为完好衬砌的 61.8% 和 50%，峰值荷载及其对应位移分别为完好衬砌的 32% 和 10.4%。在相同缺陷程度下（V60T50 组合缺陷），缺陷处于拱肩时相比拱顶衬砌健全度高约 12%。值得注意的是，无论是在拱顶部位还是在拱肩部位，组合缺陷的存在会明显降低衬砌承载力和变形性能（如

图5.13所示)。

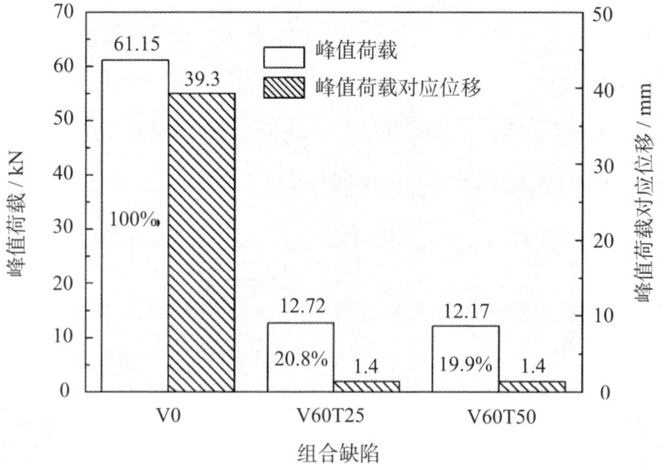

(a) 拱顶

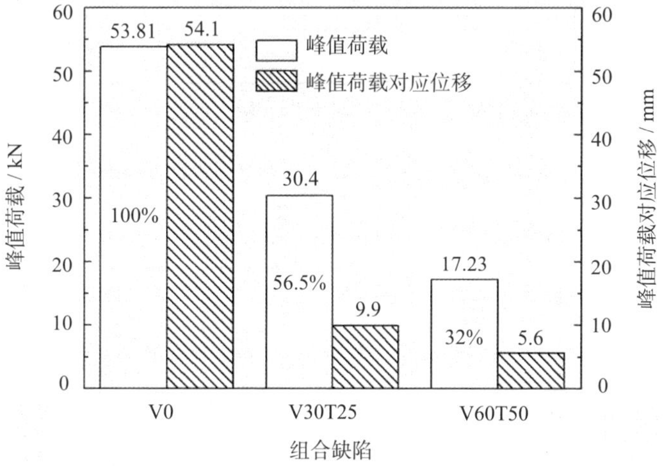

(b) 拱肩

图5.13 不同组合缺陷下衬砌的峰值荷载及其位移

3. 割线刚度

组合缺陷下衬砌割线刚度随位移的变化曲线见图5.14。从图5.14可知，不同工况下衬砌加载初期的割线刚度较为接近，受组合缺陷的影响较小。随着组合缺陷程度的增加，刚度衰减速率增加，残余刚度变小，这与单一空洞缺陷的工况相似。对比V60[图5.7(a)]和V60T25[图5.14(a)]工况的割线刚度-位移曲线发现，两种割线刚度值较为接近，说明在拱顶空洞达到60°的情况下，再将该部位衬砌厚度减薄25%，对其刚度的影响较小，这也表明衬砌整体刚度受空洞的影响更大。图5.14（b）显示，拱肩空洞为30°且拱肩衬砌减薄25%，其刚度变化曲线与完好衬砌相似，而且刚度值较接近。由此可见，当缺陷范围较小时，缺陷的存在不会明显影响衬砌的整体刚度；但当缺陷范围较大时（V60T50工况），则会明显削弱衬砌的刚度稳定性。

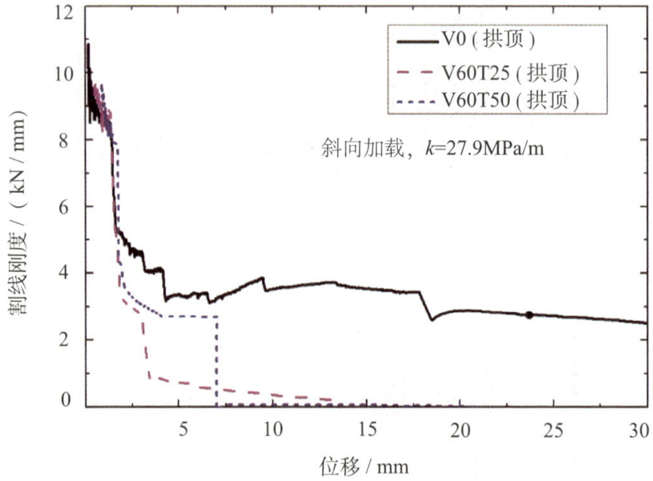

（a） 拱顶

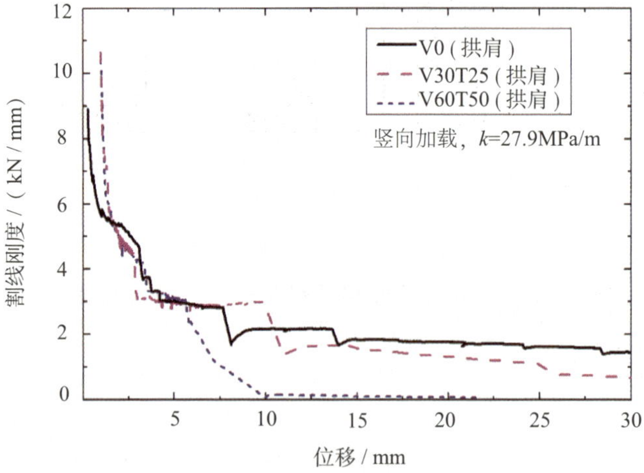

（b） 拱肩

图5.14　组合缺陷衬砌割线刚度－位移曲线

5.3　含缺陷 NC 衬砌数值模拟分析与试验印证

5.3.1　数值计算模型

本节采用ABAQUS建立上述11个试验工况下的衬砌计算模型。其中，衬砌采用平面应变单元CPE4模拟，围岩采用仅受压的弹簧单元模拟。设定与模型试验一致的加载和边界条件。典型缺陷结构计算模型见图5.15。

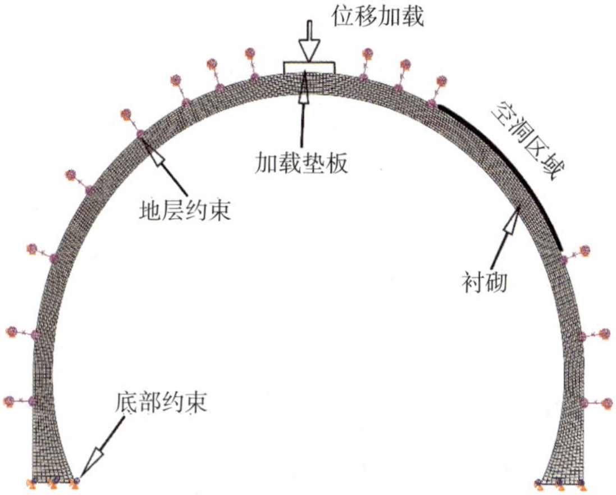

图 5.15　典型缺陷结构计算模型

5.3.2　材料模型及参数

混凝土选用ABAQUS中的混凝土损伤塑性（concrete damage plasticity）作为数值模拟隧道衬砌的本构模型，该模型假设的混凝土有受拉开裂和受压压溃两种破坏方式。模型采用Lubliner等[141]在1989年提出，并由Lee和Fenves在1998年修正后的屈服面[142]；塑性流动法则为非关联的流动法则，塑性势面为Drucker-Prager双曲函数。模型适用于混凝土在单调荷载、循环荷载及动态荷载作用下的数值分析。

由混凝土断裂能准则可以看出混凝土的应力-压碎（或开裂）应变关系与数值模拟划分单元网格尺寸有关，在有限元模型中混凝土单元网格尺寸大小不一致时，对模拟结果有影响，反映出的混凝土的应力-压碎（或开裂）应变关系也不同。因此，本书通过控制混凝土单个单元的受压断裂能和受拉断裂能来定义混凝土的塑性行为，并分别采用应力-压碎应变曲线和应力-开裂位移曲线来定义混凝土的受压和受拉行为。混凝土的受压应力-应变曲线按照《混凝土结构设计规范》（GB 50010—2010）选取，混凝土的受拉应力-开裂位移曲线按照文献[122,123]中的建议公式计算。混凝土的受拉断裂能计算参考依据滑移理论提出的欧洲模型规范CEB-FIP 2010[143]，其表达式如下：

$$G_F = 0.073\left(f_{cm}\right)^{0.18} \tag{5-1}$$

式中：G_F是混凝土的受拉断裂能，单位为N/mm；f_{cm}是混凝土的抗压强度的平均值，单位为MPa。

混凝土的受压断裂能按照文献[124]中给出的建议公式计算：

$$G_c = \left(\frac{f_{cm}}{f_{ctm}}\right)^2 G_F \tag{5-2}$$

式中：G_c是混凝土的受压断裂能，单位为N/mm；f_{ctm}为混凝土的抗拉强度平均值，单位为MPa。

由此计算得到混凝土的受拉断裂能G_F和受压断裂能G_c分别为0.139N/mm和22.57N/mm。混凝土受压断裂能与应力-应变的关系可表示为

$$G_c = l_c \int \sigma \, \mathrm{d}\varepsilon \tag{5-3}$$

式中：l_c为单元的特征长度，$l_c = \sqrt{2A}$（单位：mm），A为单元面积。

当网格尺寸的长度变化时，单元的应力-应变曲线将会随之变化。本书拟采用四节点平面应变单元，网格尺寸分别取20mm、10mm和5mm，得到3种网格下的压应力-压碎应变曲线如图5.16（a）所示，拉应力-开裂位移曲线见图5.16（b）。

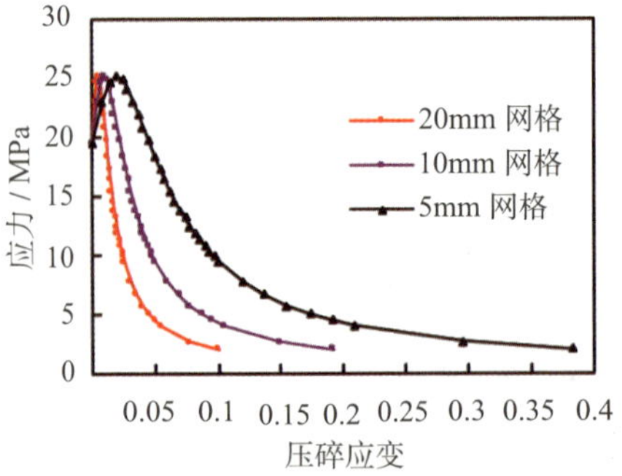

（a）应力-压碎应变曲线

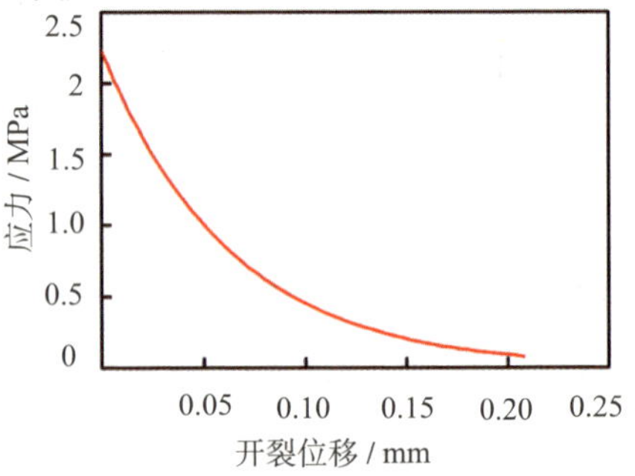

（b）应力-开裂应变曲线

图 5.16 混凝土应力–应变曲线

根据Sidiroff的能量等价原理[125]，CDP模型损伤因子可表示为

$$d_t = 1 - \left(\frac{\sigma_t l_c}{E_0 w} \right)^{0.5} \tag{5-4}$$

$$d_c = 1 - \left(\frac{\sigma_c}{E_0 \varepsilon_c} \right)^{0.5} \tag{5-5}$$

式中：d_t、d_c、分别为拉、压损伤因子；σ_t、σ_c分别为混凝土拉、压应力；w为混凝土的开裂位；E_0为混凝土的初始弹性模量；ε_c为压应变；l_c为混凝土积分单元的特征长度。

CDP模型的塑性参数取值见表5.5。

表 5.5　混凝土的塑形部分参数取值

膨胀角（ψ）	偏心率（e）	屈服应力比（f_{b0}/f_{c0}）	不变应力比（K）	黏聚系数（ν）
30°	0.1	1.16	0.667	1×10^{-5}

通过对比5mm、10mm和20mm网格尺寸下无空洞NC衬砌计算结果，发现有3种网格尺寸下的荷载-位移曲线形态、峰值荷载都非常接近。鉴于数值计算效率，后续计算均采用10mm网格尺寸进行数值计算。

5.3.3　数值模拟验证

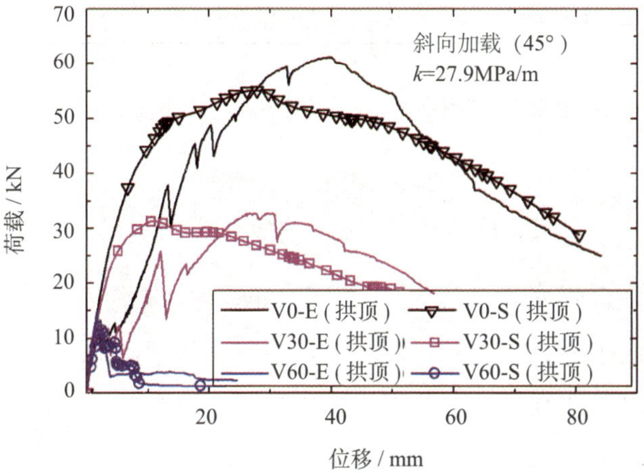

（a）衬砌拱顶空洞

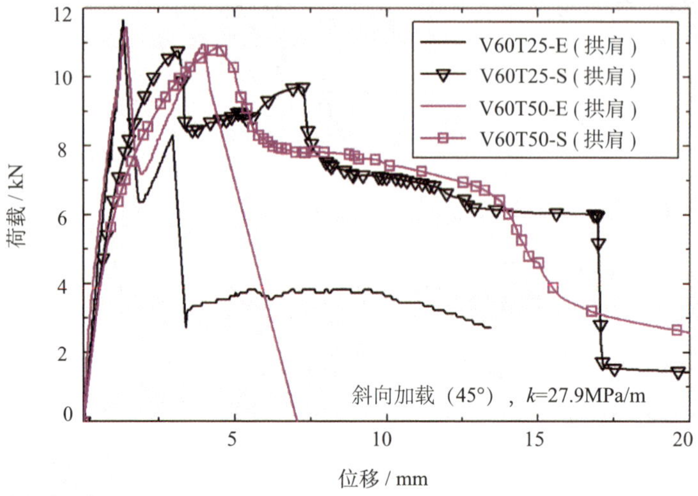

（b）衬砌拱顶组合缺陷

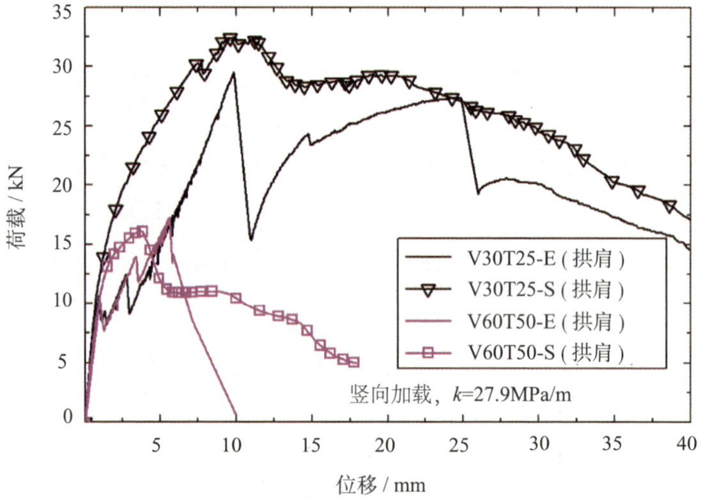

（c）衬砌拱肩组合缺陷

图 5.17　衬砌荷载－位移曲线对比分析

典型缺陷下衬砌荷载-位移曲线的试验和数值计算对比结果如图5.17所示，图中“E”代表实验曲线，“S”代表数值计算曲线。由图可知，荷载-位移曲线形态相似，与试验曲线相比，数值计算曲线较为光滑平缓。衬砌承载性能与缺陷的变化规律基本一致。如拱顶空洞范围分别为0°、30°和60°时，由数值模拟得到的峰值荷载分别为55.09kN、31.27kN和11.84kN，与试验值相差分别为9.9%、4.5%和22.6%；对于拱顶组合缺陷V60T25和V60T50工况，由数值模拟得到的承载力分别为10.76kN和10.90kN，与试验值相差分别为15.3%和10.4%；对于拱肩存在组合缺陷的V30T25和V60T50工况，由数值模拟得到的承载力分别为32.48N和16.11kN，与试验值相差分别为6.8%和6.5%。可见，数值计算结果与试验结果较为接近，数值模拟具有较高的可靠性，能反映缺陷影响下素混凝土衬砌的力学行为。

5.4　含空洞的 NC 衬砌数值模拟分析

基于建立的缺陷衬砌数值模型，计算缺陷处于拱顶和拱肩时，主要讨论空洞范围、衬砌减薄比、组合缺陷、荷载方向和地层刚度对含缺陷衬砌力学特性的影响规律。计算工况见表5.6。表中荷载方向为90°、45°、0°时分别表示竖向、斜向和水平向。地层刚度取模型试验值和隧道规范《铁路隧道设计规范》（TB 10003—2016）中Ⅲ～Ⅴ级围岩的推荐地层抗力系数。

表 5.6　计算工况

工况名编号	缺陷位置	荷载方向	空洞范围	减薄比	地层刚度 /（MPa/m）
1~48（48）	拱顶	45°,0°	0°,15°, 30°, 45°,60°,75°	—	27.9,150,400,850
49~92（44）	拱肩	90°, 0°	0°,15°,30°, 45°,60°,75°	—	27.9,150,400,850
93~116（24）	拱顶	90°,45°, 0°	—	—	27.9,150,400,850
117~140（24）	拱肩	90°,45°, 0°	—	0,25%, 50%	27.9,150,400,850
141~220（80）	拱顶	45°,0°	15°,30°,45°, 60°,75°	25%, 50%	27.9,150,400,850
221~300（80）	拱肩	90°,0°	15°,30°,45°, 60°,75°	25%, 50%	27.9,150,400,850

拱顶空洞和拱肩空洞的计算考虑两种荷载方向和四种地层刚度，空洞尺寸分别取为0°、15°、30°、45°、60°和75°。以Ⅲ级围岩（k=850MPa/m）为例，不同拱顶空洞和拱肩空洞尺寸下衬砌荷载-位移曲线分别见图5.18和图5.19。由图5.18可知，拱顶空洞尺寸较小（$\alpha \leqslant 15°$）时，空洞的存在对衬砌荷载-位移响应的影响小；空洞尺寸达到30°及以上时，衬砌荷载-位移曲线上升段曲率明显减小，峰值荷载明显降低，峰值荷载后曲线突降，衬砌呈现出明显的脆性破坏特征。可见，当空洞尺寸较大（$\alpha > 15°$）时，空洞的存在明显改变了衬砌的刚度、承载力和变形性能。在45°斜向和水平方向荷载下，衬砌的荷载-位移曲线类似。由于水平向加载时，加载点离空洞位置的距离较远，因此，水平向荷载作用下衬砌的承载力明显大于45°斜向荷载，而且受拱顶空洞尺寸的影响小一些。由图5.19显示，拱肩空洞下衬砌荷载-位移响应规律、荷载方向对衬砌承载力的影响均与拱顶空洞相一致。

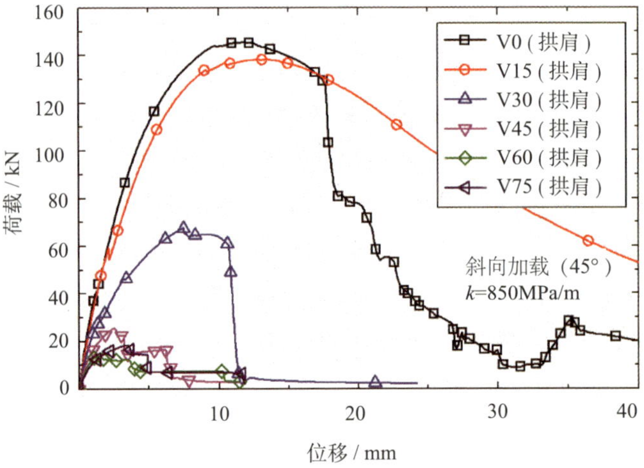

（a）45° 斜向荷载

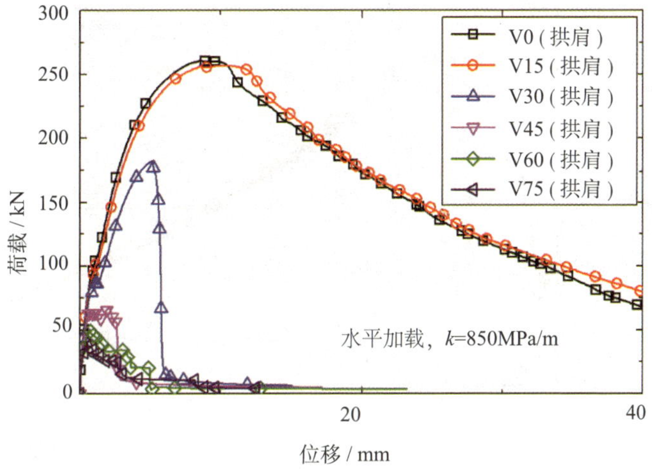

（b）水平向荷载

图 5.18　拱顶存在空洞时衬砌荷载－位移曲线

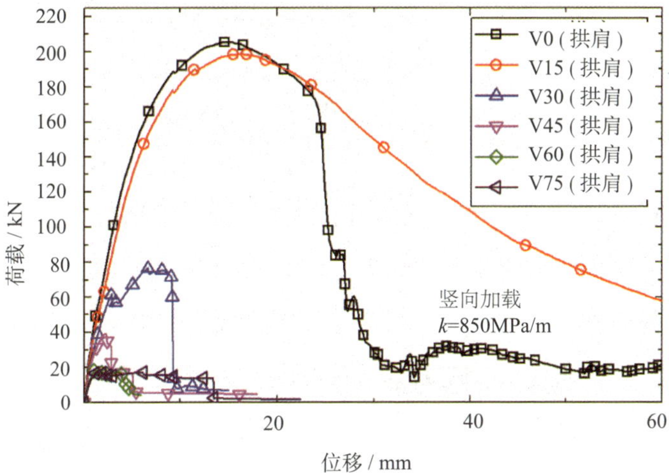

（a）竖向荷载

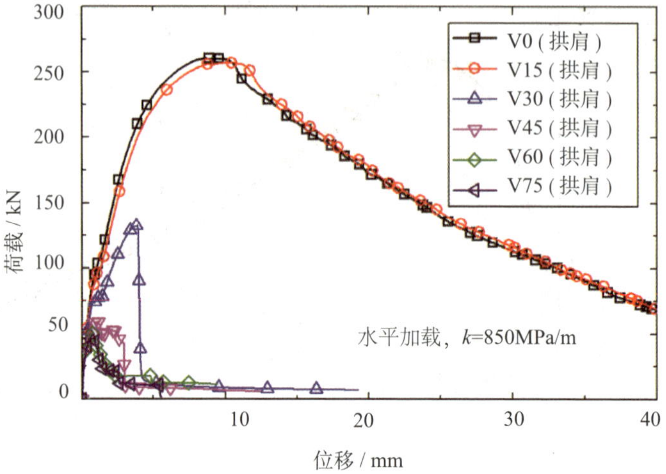

（b）水平向荷载

图 5.19　拱肩存在空洞时衬砌荷载－位移曲线

从衬砌峰值荷载-拱顶空洞范围及拱肩空洞范围的关系曲线（图 5.20 和图 5.21）可以看出，不同地层刚度和荷载模式下，衬砌承载力随空洞范围的增大都呈现出三阶段变化规律。在空洞范围小于 15° 时，衬砌承载力下降缓慢；在 15°~45° 时，承载力迅速降低；在大于 45° 时，下降速度变缓。如地层刚度 k=850MPa/m 的拱顶空洞，斜向荷载作用下 3 个阶段的承载力分别下降 7.19kN、112.68kN 和 7.07kN，下降了 4.9%、81.5% 和 27.7%；同样地层刚度下的拱肩空洞，竖向荷载作用下 3 个阶段的承载力分别下降 7.11kN、159.30kN 和 21.23kN，降低了 3.5%、80.3% 和 54.4%。由图 5.20 和图 5.21 还可看出，地层刚度越大，衬砌承载力越高，承载力与空洞尺寸曲线的三阶段特征越明显。这说明围岩基本质量指标越好，完整性越好，则空洞对衬砌承载力的影响越大。

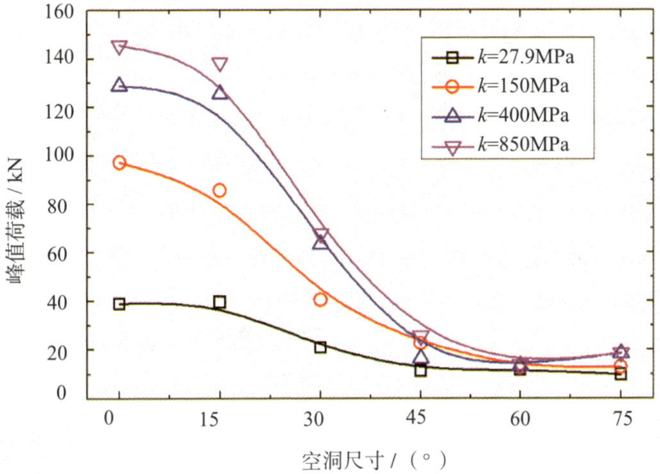

（a） 45° 斜向荷载

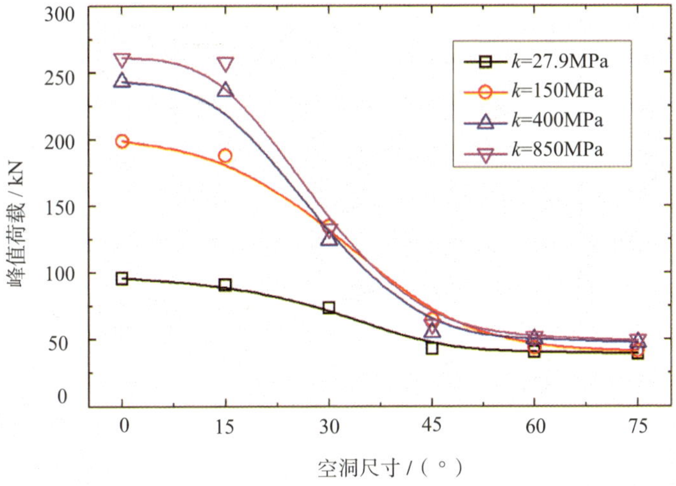

（b）水平向荷载

图 5.20　衬砌峰值荷载 – 拱顶空洞范围的关系曲线

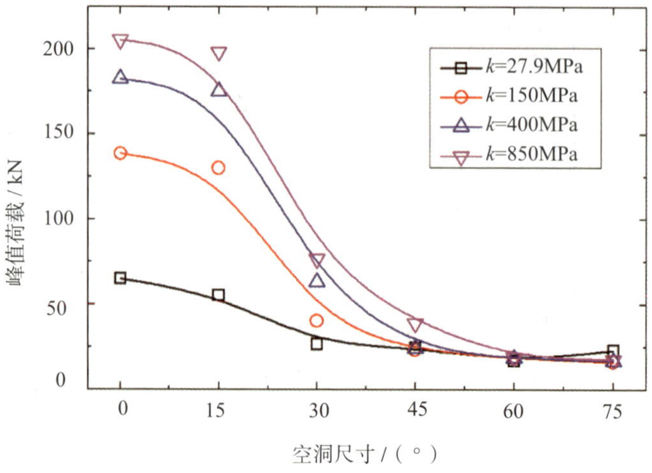

（a）竖向荷载

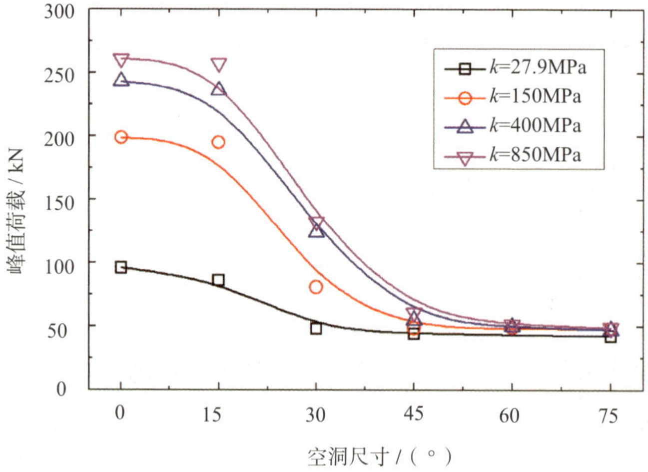

（b）水平向荷载

图 5.21　衬砌峰值荷载 – 拱肩空洞范围的关系曲线

5.5　衬砌厚度不足的 NC 衬砌数值模拟分析

拱顶和拱肩衬砌厚度不足的计算考虑了竖向、斜向和水平向 3 种荷载方向，减薄比分别取为 0%、25% 和 50%。同样以Ⅲ级围岩（k=850MPa/m）为例，不同减薄比下衬砌荷载 - 位移曲线见图 5.22。由图 5.23 可知，不同荷载模式下，减薄对衬砌荷载 - 位移响应的影响不同。总体而言，在衬砌减薄处施加荷载，对其承载力影响显著；在其他位置施加荷载，对衬砌的承载力影响相对较小。随着减薄程度的增加，衬砌刚度降低，3 种荷载模式下衬砌达到峰值荷载后的曲线下降速度都有所增大，衬砌更易发生脆性破坏。

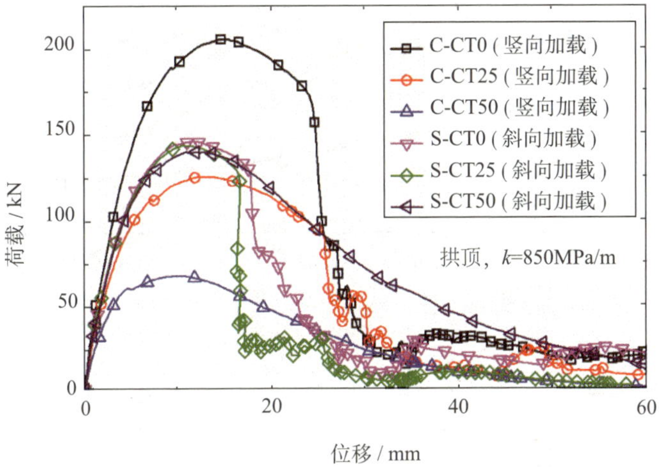

（a）衬砌拱顶减薄

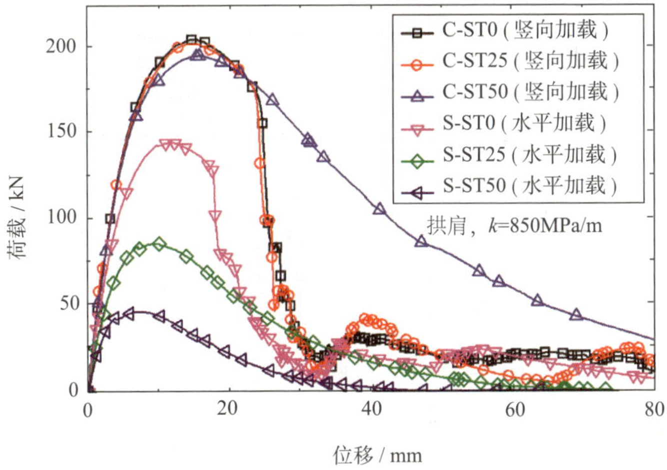

（b）衬砌拱肩减薄

图 5.22　减薄衬砌的荷载 – 位移曲线

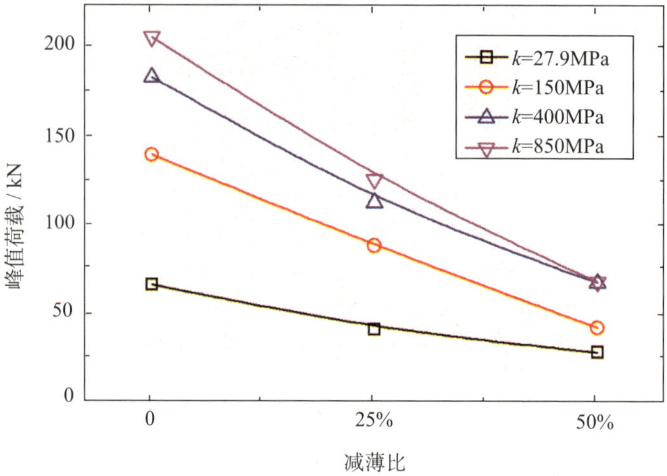

（a）竖向荷载

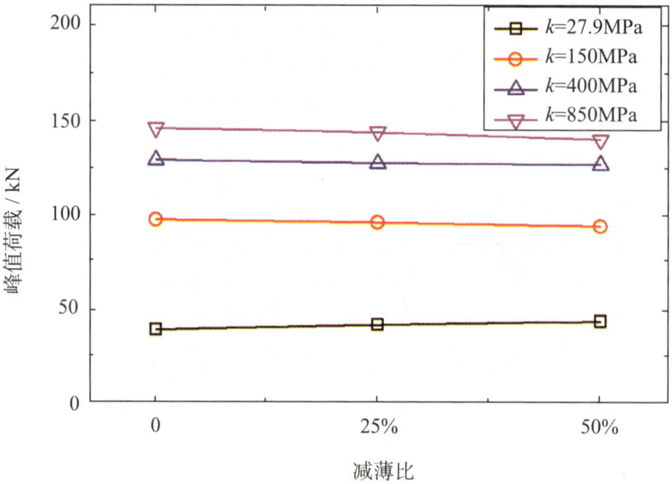

（b）45° 斜向荷载

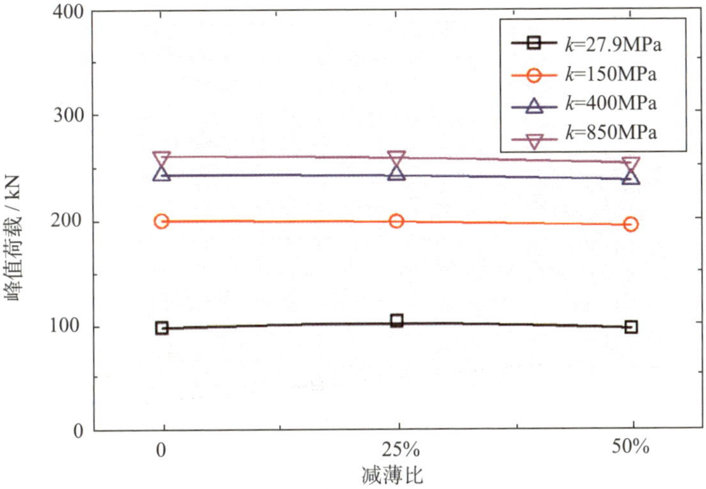

（c）水平向荷载

图 5.23　峰值荷载 – 拱顶减薄比的变化曲线

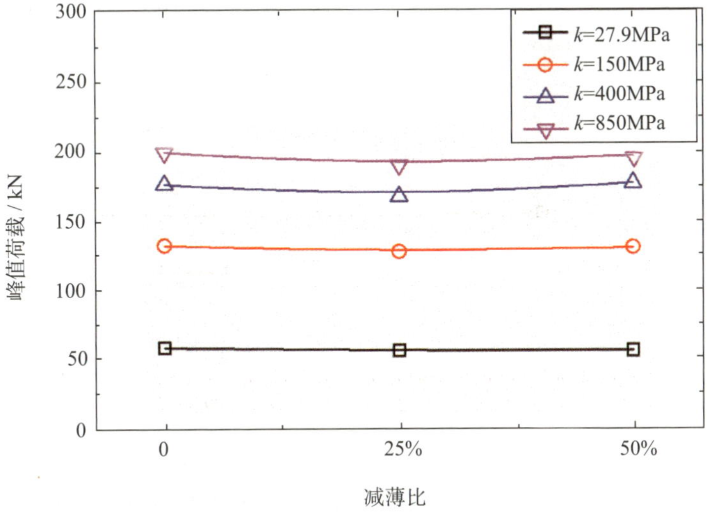

（a）竖向荷载

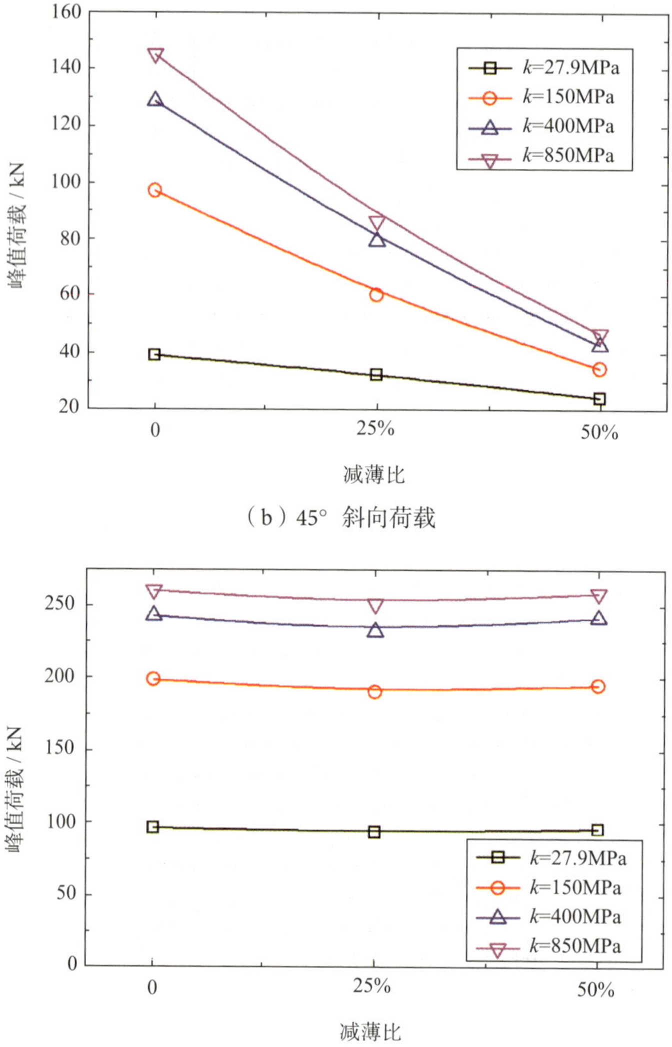

（b）45° 斜向荷载

（c）水平向荷载

图 5.24　峰值荷载 – 拱肩减薄比的变化曲线

从衬砌峰值荷载-拱顶减薄比的关系曲线如图5.23（a）和衬砌峰值负荷-拱肩减薄比的变化曲线图5.24（b）可以看出，加载点在衬砌减薄处时，不同地层刚度下衬砌承载力随减薄比的增大都呈现出线性下降趋势。以地层刚度 k=150MPa/m 为例，当拱顶衬砌减薄比从0增大到50%时，衬砌承载力下降97.92kN，降低了70.6%；当拱肩衬砌减薄比从0增大到50%时，衬砌承载力下降62.48kN，降低了64.2%。以地层刚度 k=850MPa/m 为例，当拱顶衬砌减薄比从0增大到50%时，衬砌承载力下降138.87kN，降低了67.6%；当拱肩衬砌减薄比从0增大到50%时，衬砌承载力下降98.4kN，降低了67.7%。可见，地层刚度越大，衬砌承载力随减薄比的线性下降速度越快，说明围岩基本质量指标越高、完整性越好，则衬砌减薄对承载力的影响越大。从图5.23（b）、图5.23（c）和图5.24（a）、图5.24（c）可以看出，除减薄处外，其余加载点对衬砌承载力的影响较小；而且距离减薄处越远，对承载力的影响越小。

5.6　含空洞和减薄组合缺陷衬砌数值模拟分析

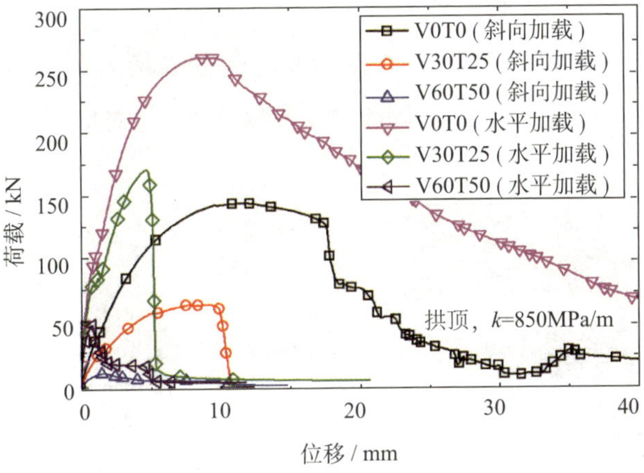

（a）拱顶缺陷

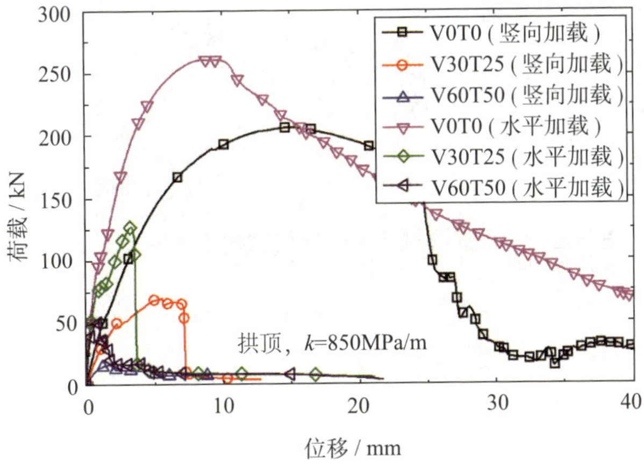

（b）拱肩缺陷

图 5.25　组合缺陷下衬砌荷载－位移曲线

同样以Ⅲ级围岩（k=850MPa/m）为例，典型组合缺陷下的衬砌荷载-位移曲线如图5.25所示。由图可知，组合缺陷严重削弱了衬砌的承载力和变形性能，将加速衬砌的破坏。当拱顶衬砌同时存在30°空洞和减薄25%时，45°斜向荷载和水平向荷载作用下衬砌承载力分别下降了54.8%和32.9%，峰值荷载对应位移分别下降了33.3%和44.3%；当拱顶衬砌空洞和减薄分别增大到60°和50%时，两种荷载作用下衬砌承载力分别下降达91.9%和80.8%，对应位移下降达84.4%和90.1%，其承载力和变形能力基本丧失。同样，拱肩组合缺陷对衬砌力学性能的影响与拱顶类似。当拱肩衬砌同时存在30°空洞和减薄25%时，竖向荷载和水平向荷载作用下衬砌承载力分别下降了66.4%和51.5%，峰值荷载对应位移分别下降了62.6%和61.9%；当空洞和减薄分别增大到60°和50%时，两种荷载作用下衬砌承载力分别下降达92.2%和80.8%，对应位移下降达88.7%和90.8%。

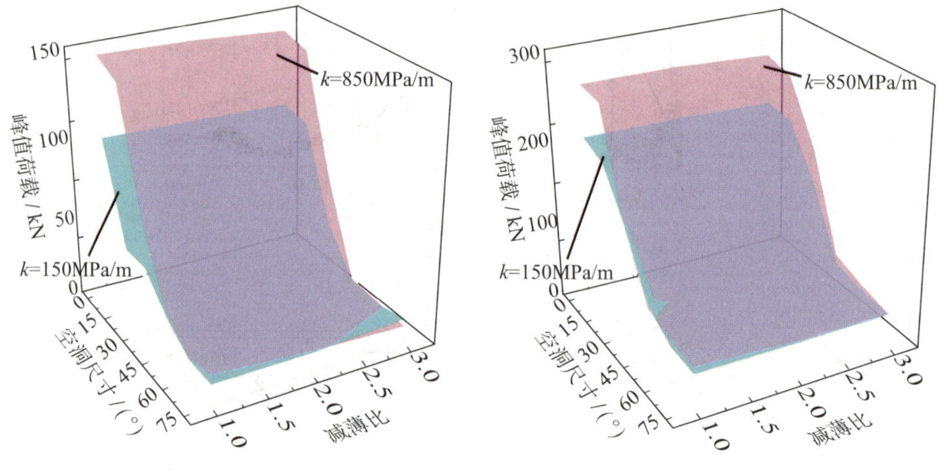

（a）45°斜向荷载　　（b）水平向荷载

图5.26　峰值荷载与拱顶组合缺陷关系的三维曲面

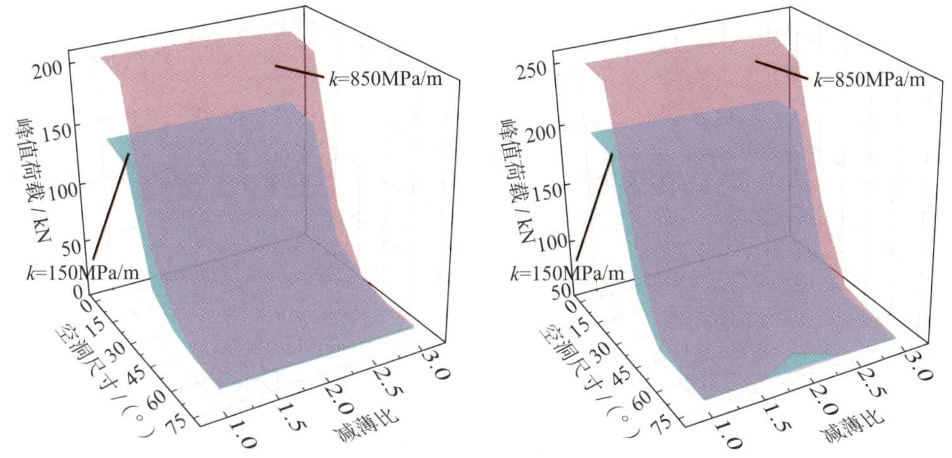

（a）竖向荷载　　（b）水平向荷载

图 5.27　峰值荷载与拱肩组合缺陷关系的三维曲面

两种地层刚度下（k=150MPa/m 和 k=850MPa/m）衬砌峰值荷载随组合缺陷变化的三维曲面如图 5.26 和图 5.27 所示。由图 5.27 可知，不同缺陷位置及荷载方向下，组合缺陷对衬砌承载力的影响规律一致，但影响程度有所不同。峰值荷载随组合缺陷程度的增大而呈“S”形曲面下降，当地层刚度越大，组合缺陷引起的衬砌承载力下降幅度就越大。

第 6 章　空洞对 RC 衬砌隧道力学性能的影响研究

基于第4章设计的1∶5大比例尺衬砌模型试验，研究拱顶和拱肩位置存在空洞下RC衬砌的承载力、裂缝分布以及破坏模式的变化规律。在合理描述材料本构、地层约束和边界条件基础上，建立RC衬砌的数值计算模型，开展空洞范围、空洞位置、地层条件和尺寸效应等参数敏感性分析，通过采用Levenberg-Marquardt优化算法定义衬砌承载力损失率方程，进行缺陷影响下衬砌承载力的定量评价，从而为缺陷衬砌的安全性评价和处置设计提供理论依据。

6.1　空洞缺陷影响下的 RC 衬砌隧道模型试验

6.1.1　试验工况设计

在进行空洞缺陷影响下的RC衬砌隧道模型试验时，工况设计需要考虑多种因素，包括空洞的位置、尺寸以及荷载模式（见表6-1）。

表 6.1　RC 模型试验工况

编号	工况名称	荷载模式	衬砌背后空洞	
			空洞部位	空洞尺寸 α/（°）
1	V0（拱顶）	45°斜向荷载	拱顶	0
2	V30（拱顶）			30
3	V60（拱顶）			60
4	V0（拱肩）	竖向荷载	拱肩	0
5	V60（拱肩）			60

6.1.2　空洞缺陷对 RC 衬砌力学性能影响试验

拱顶空洞和拱肩空洞条件下RC衬砌的荷载-位移曲线分别见图6.1（a）和图6.1（b）。从图6.1可知，不同空洞位置和空洞范围下的衬砌荷载-位移曲线均可分弹性变形阶段（OC）、弹塑性变形阶段（CP）和塑性发展阶段（PF）。弹性阶段是先从开始加载到衬砌出现微裂纹的线性段；之后进入弹塑性变形阶段，具体表现为荷载-位移曲线的斜率随着荷载增大稳定且单调地减小，衬砌变形呈非线性增长，一直达到峰值荷载；随着衬砌裂缝的进一步扩展，衬砌变形不断增加，直到发生剥落和压溃破坏情况。无论空洞在拱顶位置还是在拱肩位置时，随着空洞范围的增大，OC段的变形较小；CP段均表现为斜率下降，曲线段对应的投影面积变小，说明在该阶段衬砌刚度减小，峰值荷载及其对应的位移迅速降低，衬砌更易于变形破坏；PF段均表现为达到峰值荷载后的下降速率减缓，说明衬砌达到峰值荷载后的延展性增加。可见，空洞的存在对衬砌荷载-位移曲线形态和衬砌的力学特性影响明显，特别是衬砌初裂后和峰值荷载后的力学性能。

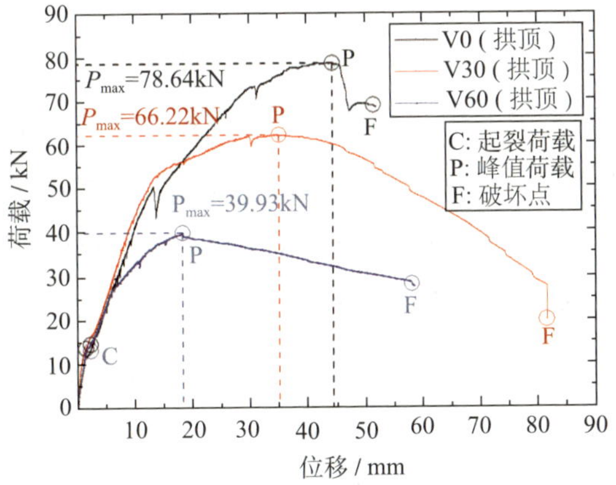

（a）拱顶空洞

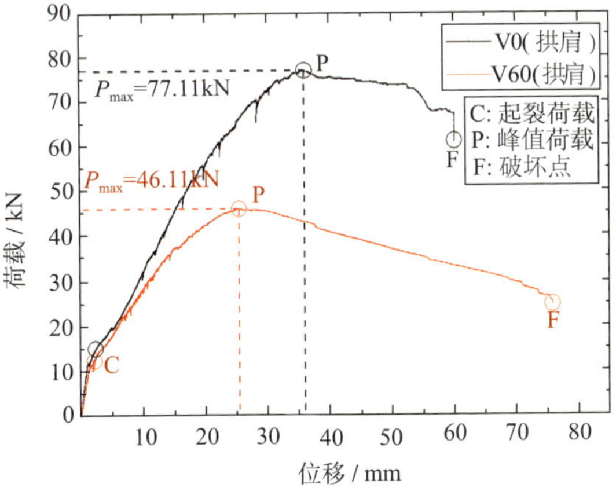

（b）拱肩空洞

图 6.1　各试验工况荷载 – 位移曲线

当衬砌拱顶处的空洞范围在0°、30°和60°时，衬砌峰值荷载分别为78.64kN、66.22kN和39.93kN，峰值荷载对应的位移分别为44.4mm、35.0mm和18.2mm，与无空洞工况相比，承载力分别降低了20.9%和49.2%，峰值荷载对应位移分别减小了21.2%和59.0%。当衬砌拱肩处的空洞范围在0°和60°时，衬砌峰值荷载分别为77.11kN和46.11kN，峰值荷载对应位移分别为36.0mm和25.3mm，与无空洞工况相比，承载力降低了40.2%，峰值荷载对应位移减小了29.7%。拱肩空洞表现出与拱顶空洞类似的变化规律。总体而言，衬砌背后空洞越大，衬砌承载力越低，而达到峰值荷载所需要的位移越小，衬砌越容易破坏，但空洞的存在增加了衬砌峰值荷载后的延展性。

6.1.3 含空洞缺陷RC衬砌变形破坏

不同空洞下的RC衬砌裂缝、变形分布及破坏形态见图6.2。对于45°斜向加载，不同拱顶空洞范围下RC衬砌破坏形态相似见图6.2（a）~（c），首先在加载处衬砌内侧开裂，然后在空洞边沿处和起拱线处衬砌外侧出现裂缝，随着拱肩部位裂缝的接近贯通，以及拱顶空洞部位和起拱线处衬砌的压溃，形成3个塑性铰而使衬砌结构完全破坏。随着拱顶空洞范围的增大，空洞处衬砌变形越大，衬砌破坏范围向空洞部位集中。对于竖向加载的拱肩空洞试验工况，也表现出与拱顶空洞相似的破坏模式，见图6.2（d）~（e），衬砌结构以拱顶部位裂缝的贯通和两侧拱肩部位压溃而破坏。与拱顶空洞的影响规律一致，随着拱肩空洞范围从0°增大到60°，空洞处衬砌的变形增加了3.8倍。由于空洞的存在，衬砌失去了围岩的约束作用，在荷载作用下更容易变形。因此，空洞越大，空洞处衬砌变形量越大，空洞处衬砌更容易破坏。

与NC衬砌相比，由于钢筋的存在，RC衬砌提高了结构的整体性，即使在空洞范围达到60°情况下，衬砌破坏仍以局部压溃掉块为主要特征，而没有出现整体垮塌。

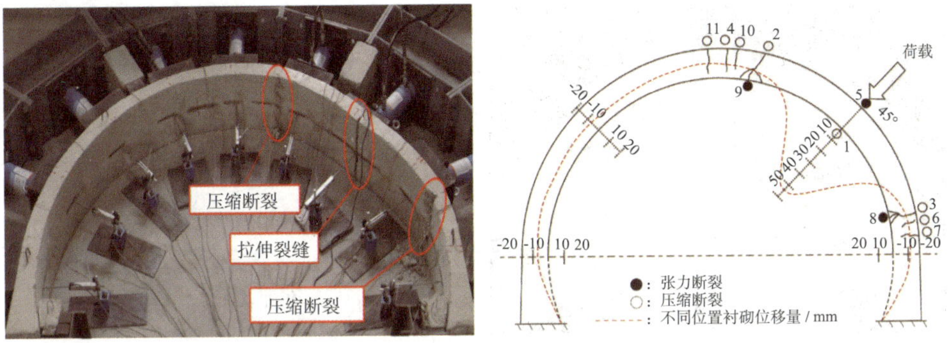

（a）拱顶空洞0°，斜向加载（45°）

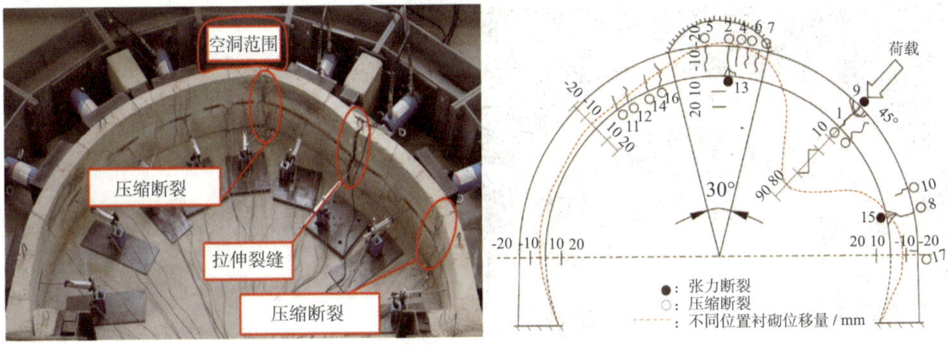

（b）拱顶空洞30°，斜向加载（45°）

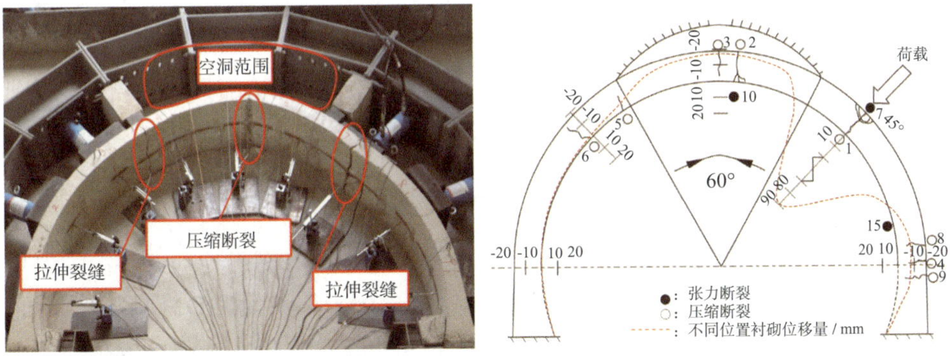

（c）拱顶空洞60°，斜向加载（45°）

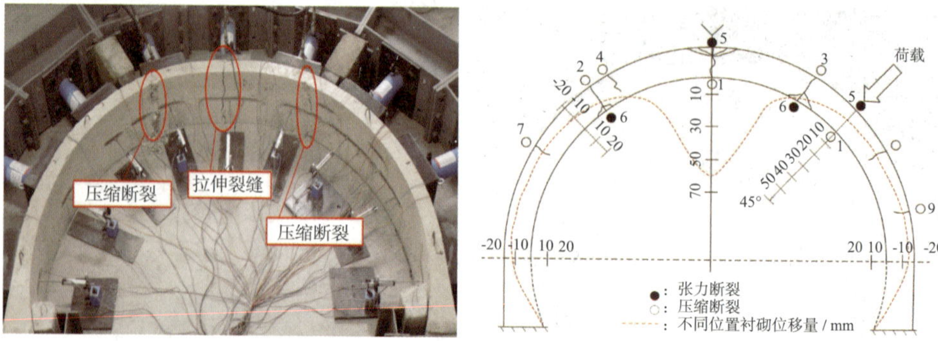

（d）拱肩空洞0°，竖向加载（90°）

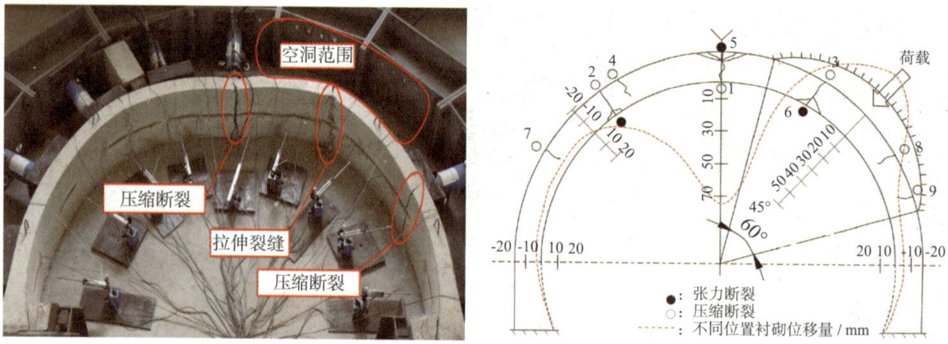

（e）拱肩空洞60°，竖向加载（90°）

图 6.2　衬砌裂缝形态、变形及失效模式

图注：数字1~x表示开裂顺序，虚线表示衬砌内侧位移变形量。

6.2　含缺陷 RC 衬砌数值模拟分析与试验印证

6.2.1　结构模型

采用ABAQUS建立以上5种试验工况下的衬砌受力分析计算模型。隧道衬砌混凝土采用平面应变单元CPE4模拟，钢筋采用桁架单元T2D2模拟，围岩采用仅受压的弹簧单元来模拟。根据模型试验边界条件，在衬砌的底端施加固定约束（U1=U2=UR3=0），在拱顶或拱肩部位施加位移荷载。有限元模型网格如图6.3所示。

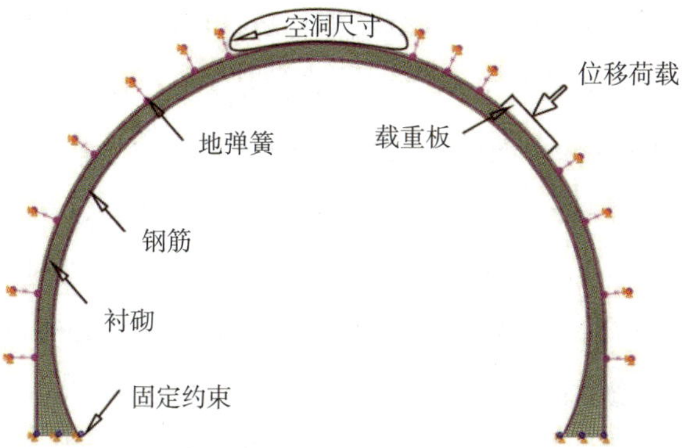

图 6.3　数值计算模型

6.2.2　材料模型及参数

混凝土采用ABAQUS中的混凝土损伤塑性（concrete damage plasticity）模型进行模拟，与NC衬砌数值模拟时的参数一致。钢筋采用Von Mises多段线性模型[105]，其应力应变曲线如图6.4所示，计算参数见表6.2。

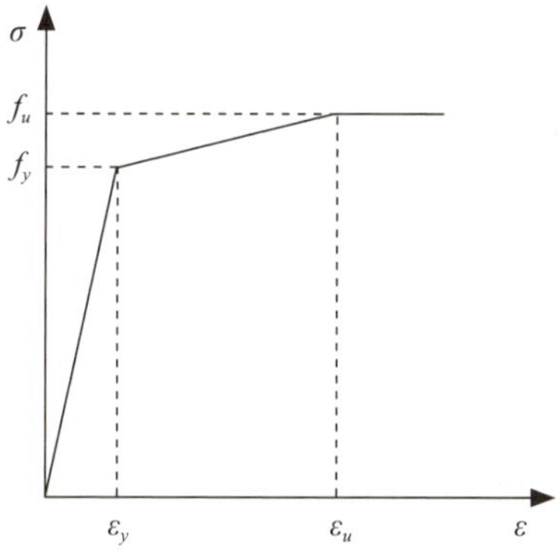

图 6.4　钢筋应力应变曲线

表 6.2　钢筋物理材料参数

弹性模量 E_s/GPa	泊松比 μ	屈服强度 f_y/MPa	屈服应力 ε_y	极限强度 f_u/MPa	极限拉应变 ε_u
200	0.3	300	0.016 75	420	0.025

6.2.3　数值模型的验证

与NC衬砌一样，通过对比5mm、10mm和20mm网格尺寸下无空洞RC衬砌计算结果，发现3种网格尺寸下的荷载-位移曲线形态、峰值荷载都非常接近，说明衬砌在不同网格下的模拟结果已经收敛。综合考虑计算效率和模拟效果，后续计算均采用10mm网格进行数值计算。由不同空洞下衬砌荷载-位移曲线的试验和计算结果对比可知，荷载-位移曲线形态及其随空洞范围的变化规律基本一致。如图6.5（a）所示，对于拱顶空洞范围为0°、30°和60°时，由数值模拟得到的峰值荷载分别为77.0kN、64.1kN和37.4kN，与试验值相差分别为2.0%、3.1%和6.2%。如图6.5（b）所示，对于拱肩空洞范围为0°和60°时，由数值模拟得到的峰值荷载分别为80.4kN和46.8kN，与试验值相差分别为4.3%和2.0%。通过对比模拟的衬砌损伤分布（图6.6）和试验的衬砌破坏形态（图6.2）可知，两者的破坏形态一致，衬砌破坏位置相吻合，说明本次有限元模拟结果可靠，能反映空洞影响下衬砌的主要受力特征。

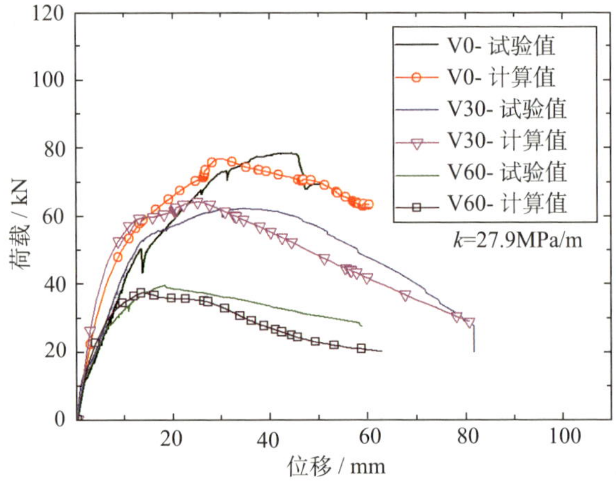

（a）拱顶空洞斜向加载45°

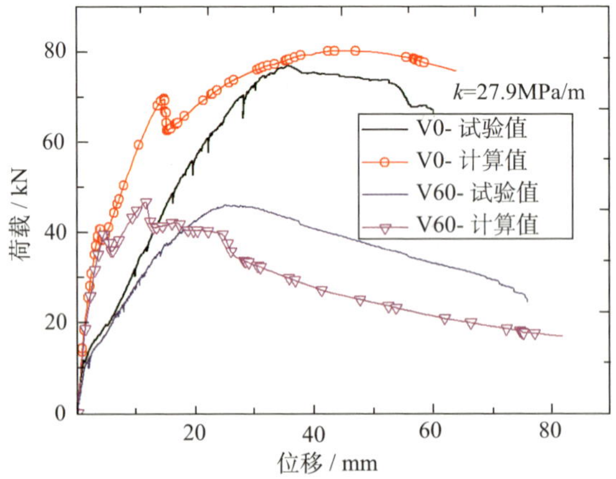

（b）拱肩空洞竖向加载90°

图6.5 模型试验和数值模拟的荷载位移曲线对比

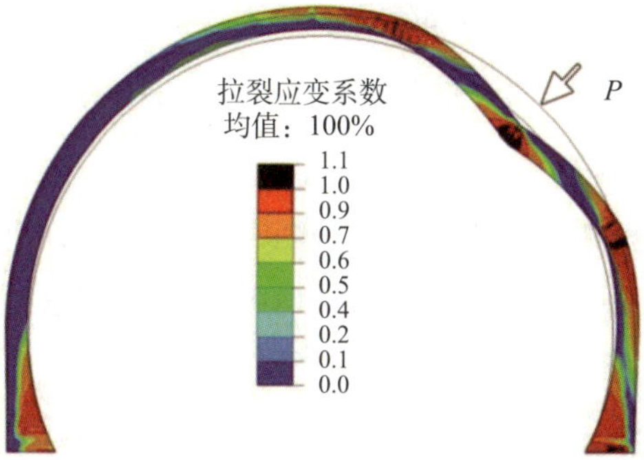

（a）拱顶空洞0°

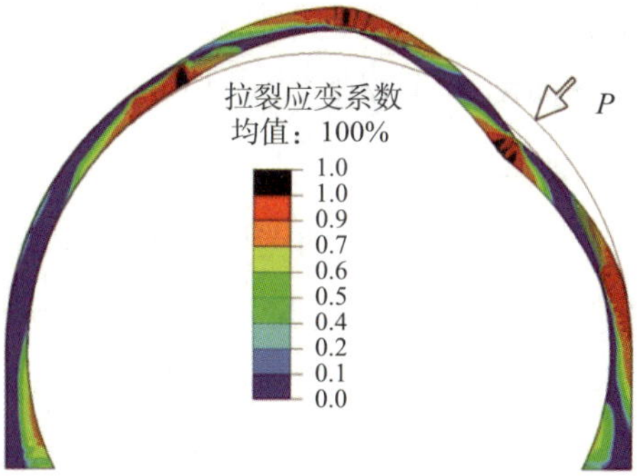

（b）拱顶空洞30°

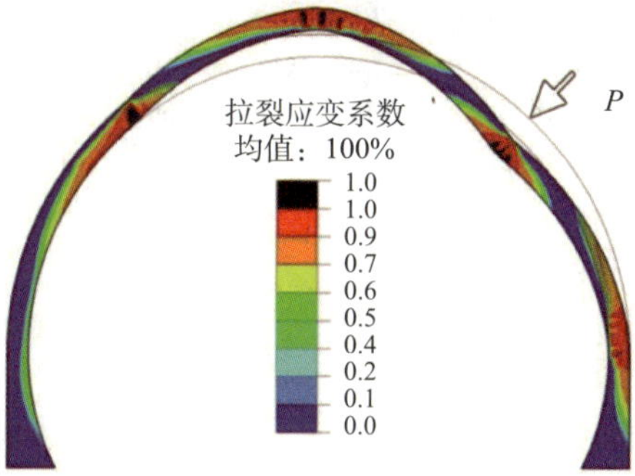

（c）拱顶空洞60°

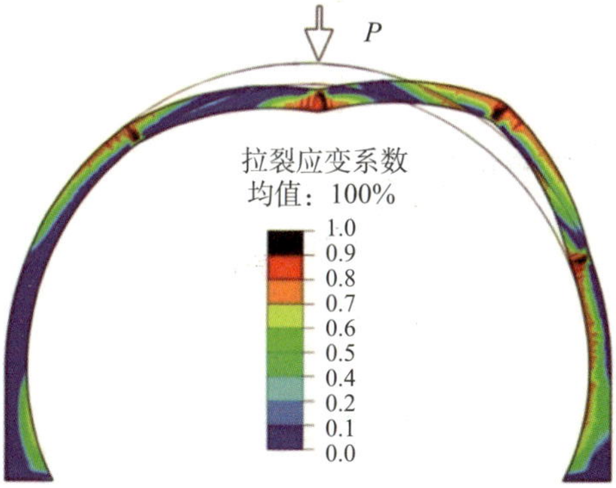

（d）拱肩空洞0°

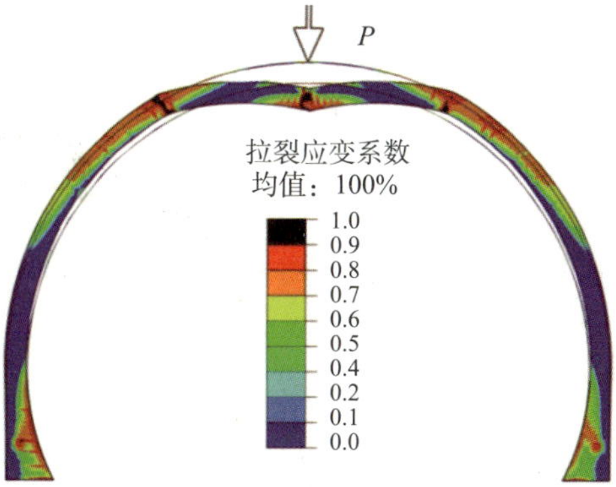

（e）拱肩空洞60°

图 6.6　衬砌失效损伤分布

在上述模型试验和数值模拟基础上，针对拱顶空洞和拱肩空洞两种空洞类型，主要讨论如下3个方面：空洞尺寸、地层刚度和尺寸效应。

（1）拱顶空洞和拱肩空洞尺寸都分别取0°、15°、30°、45°和60°这5种情况，如图6.7所示。对于拱顶空洞，分析45°斜向荷载、两侧0°水平荷载两种加载方式，如图6.8（a）所示，对于拱肩空洞，分析了90°竖向荷载、两侧0°水平荷载两种加载方式，如图6.8（b）所示，以模拟竖向松弛地压、偏压和水平地压3种典型地层压力情况。

（2）地层刚度的选取参考《铁路隧道设计规范》（TB 10003—2016），分析采用27.9MPa/m（试验）、150 MPa/m、400 MPa/m（试验）和850 MPa/m，以模拟不同围岩级别下的弹性抗力。

（3）衬砌尺寸分别取1:5、1:2和1:1这3种情况，以分析尺寸效应的影响。

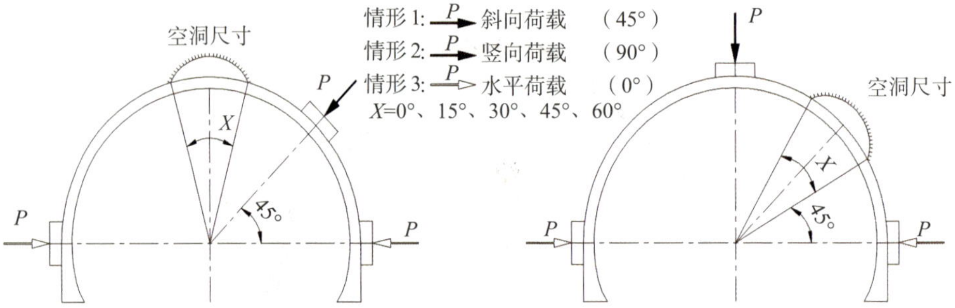

（a）拱顶空洞　　（b）拱肩空洞

图6.7　衬砌背后空洞及加载位置

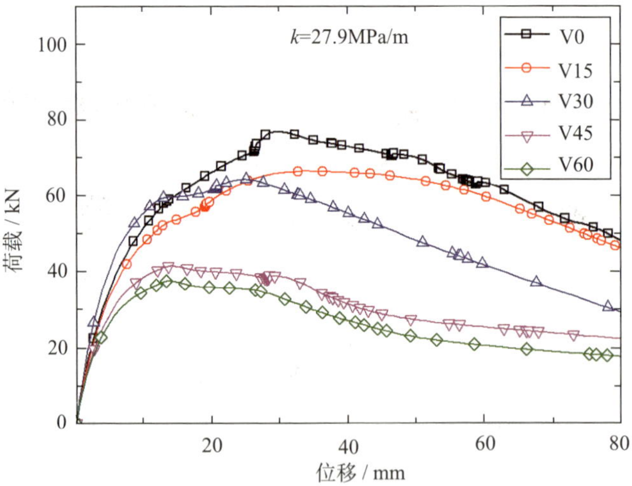

（a）斜向加载45°

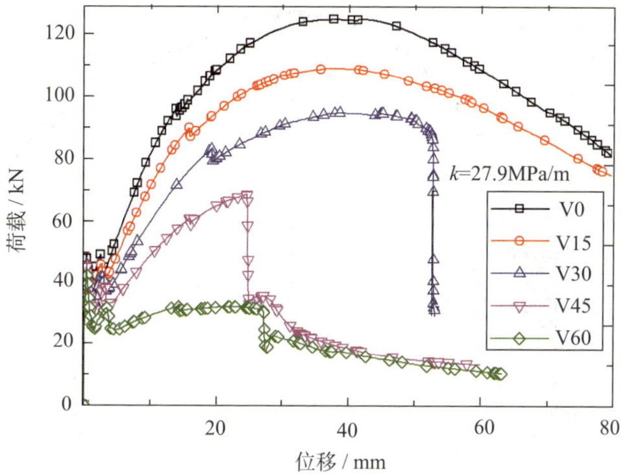

（b）水平加载0°

图 6.8　拱顶空洞荷载 – 位移曲线

6.3　空洞位置和尺寸对隧道力学性能的影响分析

不同空洞尺寸下拱顶空洞的衬砌荷载和拱肩空洞的衬砌荷载-位移曲线见图6.8和图6.9，衬砌承载力随空洞尺寸的变化曲线见图6.10。

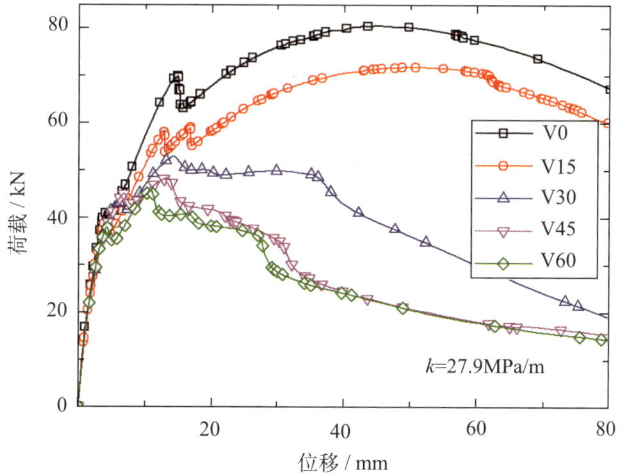

（a）竖向加载90°

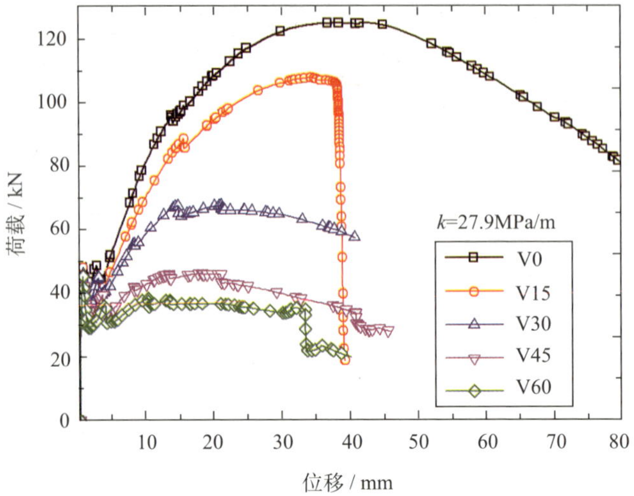

（b）水平加载0°

图 6.9　拱肩空洞荷载 – 位移曲线

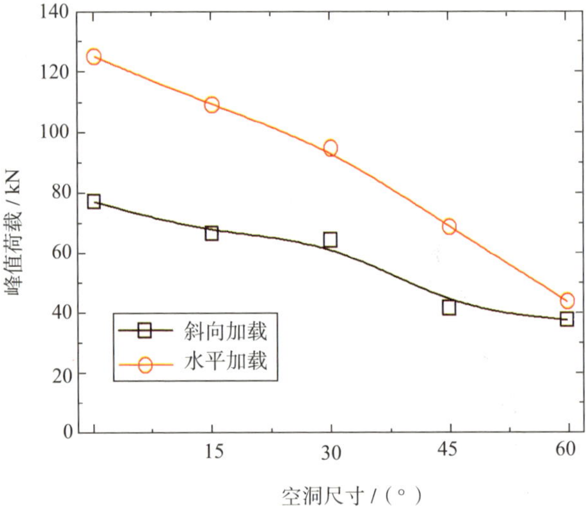

（a）拱顶空洞

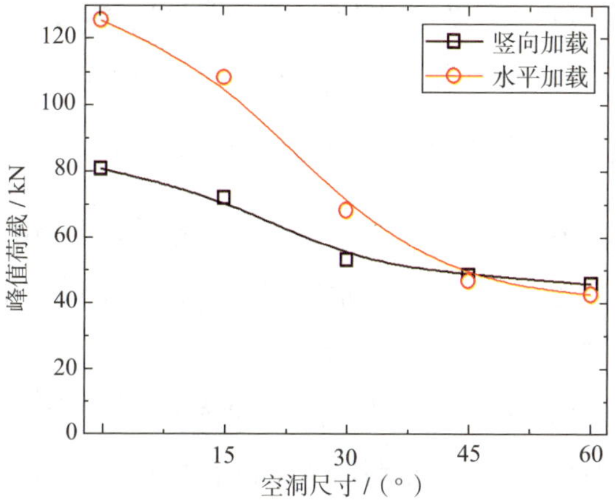

（b）拱肩空洞

图 6.10　衬砌承载力 – 空洞尺寸曲线

如图6.8（a）和图6.9（a）所示，在斜向加载45° 和竖向加载90° 荷载模式下，不同空洞尺寸的衬砌荷载-位移曲线形态相似。但随着空洞尺寸的增加，起裂荷载后曲线的斜率减小，峰值荷载及其对应位移也随之降低。可见，空洞的存在并没有改变荷载-位移曲线的形态，但明显降低了衬砌的力学性能。如图6.8（b）和图6.9（b）所示，在水平加载0° 荷载模式下，不同空洞尺寸的衬砌荷载-位移曲线形态差异明显。随着空洞尺寸的增加，荷载-位移曲线后半段出现突降，衬砌破坏时的位移减小，呈现脆性破坏特征。与斜向和竖向荷载相比，水平向荷载作用下RC衬砌的承载力明显高些。这是因为水平荷载作用位置靠近拱脚，由于拱脚固定约束的限制，衬砌具有更大的承载力和更小的破坏位移，其破坏部位更为集中。

由图6.10（a）可知，衬砌承载力随拱顶空洞范围的增大呈线性减小。当拱顶空洞从0°增加到60°时，45°斜向加载时的承载力降低了51.3%，水平方向加载时的承载力降低了65.1%。相比较而言，在水平向加载时，衬砌承载力受空洞尺寸的影响更大，承载力下降更快。而衬砌承载力随拱肩空洞范围的增大呈现出两阶段发展规律，如图6.10（b）所示，表现为承载力曲线先迅速下降，之后趋于平缓。如当拱肩空洞从0°增大到30°时，竖向加载时的承载力降低了34.3%，当拱肩空洞从30°增加到60°时，承载力仅下降了13.7%。水平向加载时的衬砌承载力受拱肩空洞尺寸的影响更明显，这与拱顶空洞情况相类似。通过上述结果可知，竖向和斜向加载时衬砌的力学行为基本一致。总体而言，空洞会明显削弱衬砌的承载性能，但因空洞位置不同，所以空洞尺寸对衬砌承载力的影响程度也不同。

6.4 地层刚度对隧道力学性能的影响分析

地层刚度会对衬砌的力学行为产生明显影响[126]。本书结合Ⅲ～Ⅴ级围岩的弹性抗力系数建议值[126]，分别选取地层刚度为27.9MPa/m（试验）、150MPa/m、400MPa/m及850MPa/m的4种情况进行计算，分析不同围岩级别下空洞对衬砌承载力的影响。限于篇幅，本书只以90°竖向和45°斜向加载为例，得到不同地层刚度*k*下RC衬砌峰值荷载与空洞尺寸的关系曲线，见图6.11。

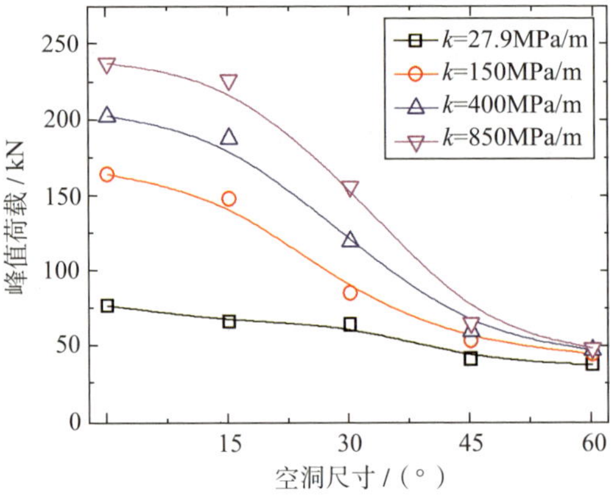

（a）拱顶空洞，斜向加载45°

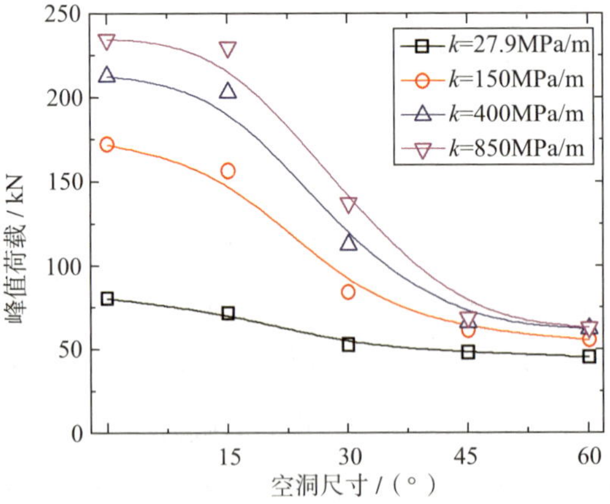

（b）拱肩空洞，竖向加载90°

图6.11　衬砌峰值荷载－空洞尺寸曲线

由图6.11可知，在不同地层刚度下，衬砌承载力都随空洞尺寸的增加而降低，但下降速率不同。当地层刚度较小时（k=27.9MPa/m），衬砌峰值荷载与空洞尺寸基本呈线性关系。当地层刚度处于150MPa/m~850MPa/m时，衬砌峰值荷载与空洞尺寸的关系曲线呈三阶段发展规律：当空洞尺寸在0°~15°区间时，峰值荷载缓慢降低；当空洞尺寸在15°~45°区间时，峰值荷载迅速下降；当空洞尺寸大于45° 时，峰值荷载缓慢下降并趋于平稳。地层刚度越大，衬砌峰值荷载曲线的三阶段特征越明显。以拱顶空洞为例，空洞尺寸从0°增大到15°时，当k=27.9MPa/m和k=850MPa/m时，承载力分别降低了13.8%和4.8%；当空洞尺寸从15°增大到45°时，承载力分别降低了37.5%和71.1%；当空洞尺寸从45°增大到60°时，承载力分别降低了9.7%和25.4%。可见，地层刚度越大，即围岩质量越好，空洞尺寸对衬砌承载力的影响越大。这说明衬砌周边约束作用越强，缺失部分约束后造成衬砌承载力下降越明显。当空洞尺寸大于45°后，衬砌近似为一个地面拱形结构，与围岩的相互作用基本丧失，此时衬砌的承载性能主要表现为混凝土结构自身承载。不同地层刚度下，拱肩空洞的影响规律与拱顶空洞相似。

6.5　尺寸对隧道力学性能的影响分析

混凝土裂缝的出现会引起能量的耗散，从而导致尺寸效应的产生。为分析尺寸效应对RC衬砌力学性能的影响，本次计算模拟了1: 5、1: 2和1: 1（全尺寸）3种尺寸的衬砌，得到竖向和斜向两种加载方向下无空洞衬砌荷载-位移曲线如图6.12所示，在全尺寸下，各空洞尺寸影响下的衬砌荷载-位移曲线以及峰值荷载与空洞尺寸的关系曲线分别见图6.13和图6.14。

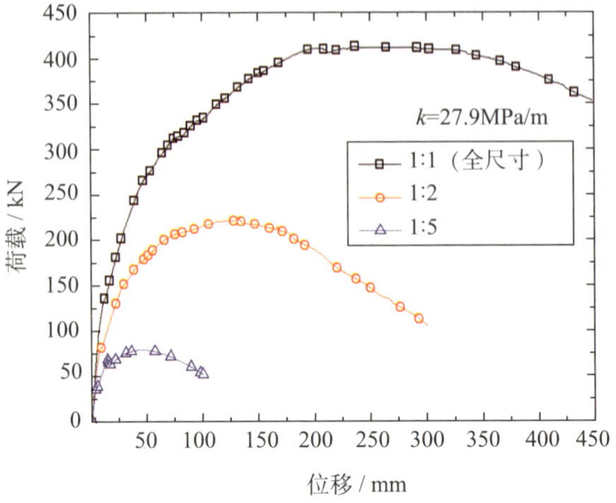

（a）竖向加载90°

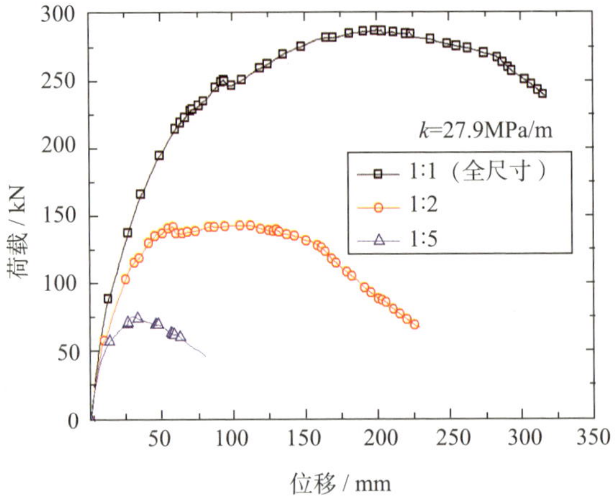

（b）斜向加载45°

图 6.12　在不同比例尺下无空洞衬砌荷载－位移曲线

从图 6.12 可知，不同衬砌尺寸下的荷载-位移曲线形态相似，随着衬砌尺寸的增大，峰值荷载及其对应位移也迅速增加，但呈现出非一致性增长。当地层刚度 k=27.9MPa/m 时，1: 5 模型与全尺寸模型相比，竖向荷载作用下 RC 衬砌的承载力从 80.4kN 增大到 414.1kN，增加了 4.2 倍，峰值荷载对应位移从 45.8mm 增大到 236.7mm，增加了 4.2 倍。

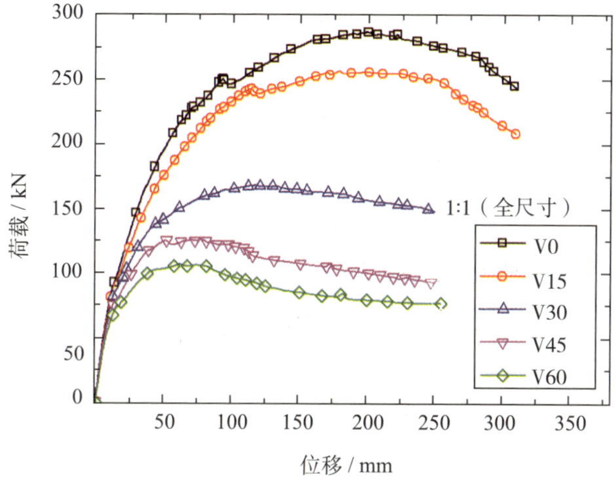

（a）拱顶空洞，斜向加载45°

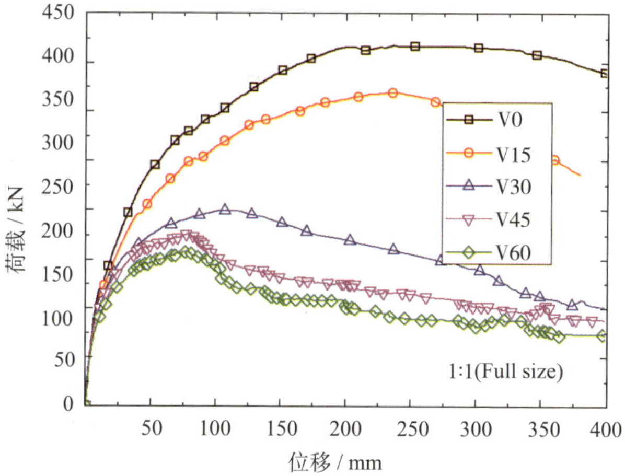

（b）拱肩空洞，竖向加载90°

图 6.13　不同空洞尺寸下荷载－位移曲线

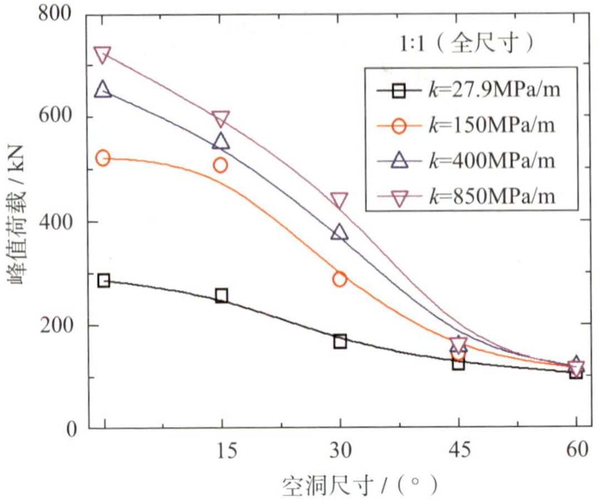

（a）拱顶空洞，斜向加载45°

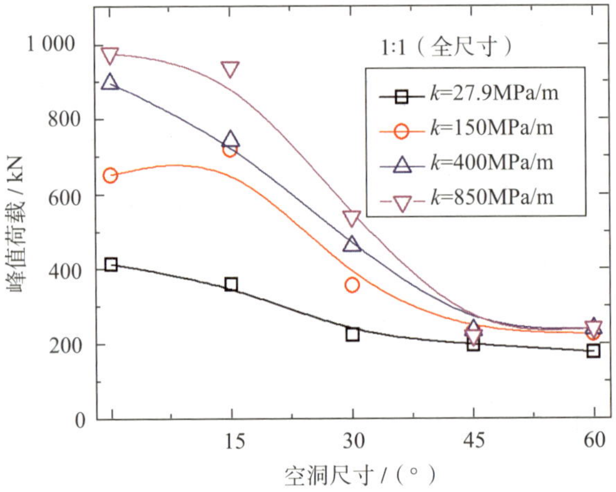

（b）拱肩空洞，竖向加载90°

图 6.14　衬砌峰值荷载 – 空洞尺寸曲线

在全尺寸条件下，不同空洞下的衬砌荷载-位移曲线形态以及峰值荷载随空洞尺寸的变化规律均与1:5模型衬砌相似，分别如图6.13和图6.14所示。以地层刚度k=850MPa/m的全尺寸衬砌为例，当拱顶空洞尺寸从0°增大到45°时，衬砌承载力从725.9kN减小到164.8kN，下降达77.3%；而当拱顶空洞尺寸从45°增大到60°时，承载力下降很小。同样，当拱肩空洞尺寸从0°增大到45°时，衬砌承载力从978.5kN减小到221.7kN，下降达78.4%；之后空洞尺寸的变化对承载力的影响很小。

第 7 章　隧道缺陷衬砌承载力计算

衬砌背后空洞和衬砌厚度不足严重影响衬砌的承载性能。为定量评价这种影响，定义承载力损失率ξ为

$$\xi=1-\frac{P}{P_0} \tag{7.1}$$

式中：P为存在缺陷时衬砌承载力；P_0为无缺陷衬砌承载力。

由于衬砌的健康状况与诸多条件相关，利用有限元分析方法对各个因素进行计算需要花费大量时间，并且很难在实际过程中快速地计算出各种复杂的工况下衬砌承载力的损失率，这给实际使用带来了诸多不便。本章基于机器学习算法设计并实现隧道衬砌承载力损失率分析的机器学习工具箱（machine learning toolbox for modelling the loss rate of the lining bearing capacity, MLLBC），该机器学习工具箱可以高效地计算实际场景中大规模工况条件下的衬砌承载力。

7.1　概述

随着计算机软硬件技术的飞速发展，机器学习算法已经被应用于天气预测、医学疾病诊断、金融产品设计等各种复杂的任务中。基于大数据，机器学习算法智能识别样本特征，可以准确地完成数据按属性分类、规律拟合及回归。机器学习中回归（regression）问题的算法研究工作大致可分为5类，包括线性（linear）方法[127]、核（kernel）方法[128]、决策树和随机森林（tree and random forest）方法[129]、最近邻（nearest neighbors）方法[99]以及神经网络（neural network）方法[130]。通过数十年的研究，几种先进的机器学习方法已经被学者们广泛应用，以此实现了高质量的模式识别目标。

其中，线性方法是机器学习中的第一类方法，其通过拟合已知数据来预测未知数据,具有形式简单、易于建模等优势。例如，为了解决药物设计问题，

Lo等[136]提出了一种线性回归方法来挖掘药物中的化学信息，并提出了药物分析的基本原理，实验也验证该方法可以应用于药物发现。Kumaret等[127]提出了一种灵活的线性方法来评估刀具的健康状况，该方法采用基于时间序列传感器信号的多项式回归模型，实现了对刀具钻头状态的准确监测。此外，Wilinski等[132]提出了一个多项式回归模拟模型，该模型可为金融市场提供投资预测策略。

核方法是第二类机器学习方法，该方法的优点在于能够准确处理低维空间中线性不可分的数据集。目前，基于核方法已被广泛应用于科学和工业领域来解决分类、排序和回归等问题。例如，Philip等[128]提出了一种用于旅行时间预测的支持向量回归模型，基于此，出行者可以很容易地了解交通状况并作出相应决策。Chang等[133]设计了一个半监督学习模型，通过将核脊回归应用于无标记数据的误差分解，为医学和商业等实际应用中的数据分析提供了支撑。

决策树和随机森林是第三类机器学习方法。不同于核方法，该方法是基于专家经验的总结，具有广泛的实际应用价值。例如，Reix等[134]设计了一个新的决策树模型，用于分析CT结果，以便能够快速找出乳腺癌护理的决定性因素。Subasi等[135]利用随机森林法为慢性肾脏疾病的诊断提供了一个自动检测模型。此外，为了在空气质量监测领域提供低成本的传感感知策略，Zimmerman等[129]利用随机森林设计了一个综合的机器学习校准模型，该模型在实时空气监测方面表现良好。

最近邻算法是第四类机器学习方法，该类方法利用不同特征值之间的距离排序信息，可用于聚类分析、预测分析、文本分类等方面，也被认为是最有效的数据挖掘技术之一。例如，针对健康监测应用问题，Vitola等[136]建立了融合多传感器数据的k近邻模型。Islam等[137]联合支持向量和k近邻方法来进行乳腺癌的预测。Llerena等[138]引入半径邻域回归技术来近似评估污染物的微观物理参数。

神经网络法是第五类机器学习方法，神经网络既可以用来处理有监督的任务，如分类、视觉识别等，也可以用于处理无监督任务。近年来，针对现实应用中许多复杂非线性问题，人们提出了一系列改进的神经网络方法[134]。例如，在预测任务方面，Berahas等[139]则提出了一种multi-batch L-BFGS方法，通过利用不同梯度更新的Hessian近似，有效地加快了预测学习进程。

虽然在各个领域已经提出了许多机器学习方法[140]，但没有一个统一的平台可以用来计算衬砌的健康状况。鉴于机器学习算法在其他领域应用的经验和在数据处理中的优势，本章提出隧道衬砌承载力损失率分析的机器学习工具箱，该工具箱可以通过数据驱动的方式，在实际工况场景中取代有限元分析计算工具，高效地完成隧道衬砌承载力损失率分析。由于没有公开数据集，在第4章中试验模型与第5.3节和6.3节的有限元模型的基础上，建立衬砌承载力损失率数值仿真数据集（loss rate of the lining bearing capacity datasets, LR-LBC）。本章对工具箱中的5类回归算法进行对比实验，通过实验结果的对比分析，评估机器学习算法进行衬砌承载力损失率计算的能力。

7.2　MLLBC

本节将详细介绍MLLBC的系统架构以及所包含的机器学习回归算法。MLLBC计算隧道衬砌承载力损失率分为4个步骤，如图7.1所示。第一步，可以采用第4章的隧道衬砌试验模型构建承载力损失率模型；第二步，采用ABAQUS软件分别按5.3节和6.3节提出的方法建立RC衬砌和NC衬砌有限元分析数值仿真模型；第三步，将隧道缺陷成因作为输入变量，并对应有限元数值仿真模型在不同工况下输出的承载力损失率，训练工具箱中的机器学习模型；第四步，将训练得到的机器学习模型用来快速计算各种工况下的承载力损失率。

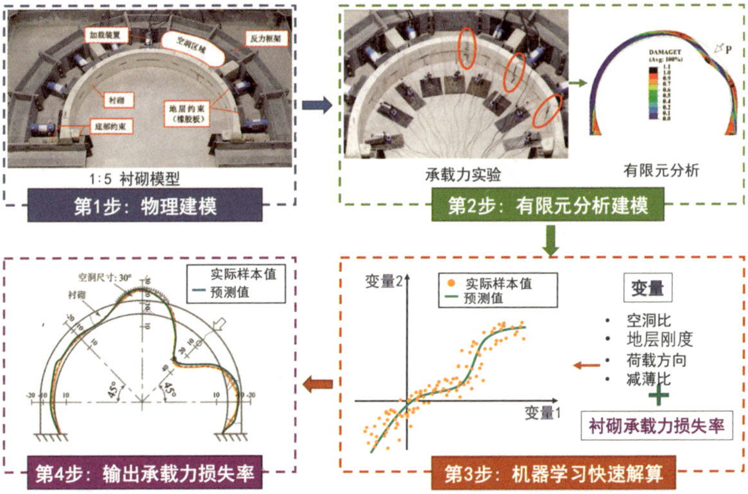

图 7.1　利用 MLLBC 计算隧道衬砌承载力损失率流程

7.2.1 MLLBC 的系统架构

在通过模型试验得到实验工况后，需要计算机才能完成有限元分析建模，得到更多工况下的衬砌承载力计算结果，并自动化地将其输入机器学习模型中进行学习，再实现输入隧道衬砌现场检测数据，最后快速、准确地计算各种工况下衬砌承载力。将上述计算机所需实现的这一系列功能放入MLLBC，并定义好模块和接口，各模块间的关系如图7.2所示。每个模块中每一行依次为：模块名称、模块功能、模块参数、模块接口。其中，模块参数的具体描述如表7.1所示。

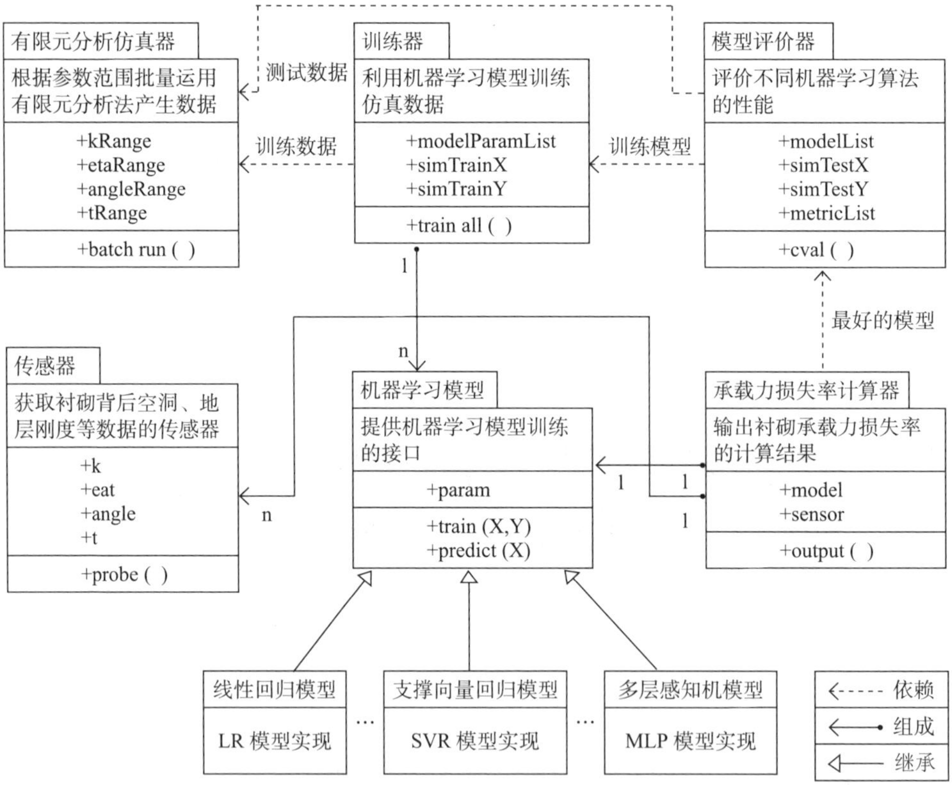

图 7.2 MLLBC 的系统架构

表 7.1 MLLBC 工具箱各模块的参数描述列表

模块名称	变量名称	描述
有限元分析仿真器	kRange	地层刚度范围（20~850MPa/m）
	etaRange	空洞比范围（0~0.32）
	angleRange	荷载方向范围（30°~90°）
	tRange	减薄比范围（0~50%）
训练器	modelParamList	不同机器学习模型的参数列表
	simTrainX	仿真数据训练集输入
	simTrainY	仿真数据训练集输出
机器学习模型	param	单个机器学习模型的相关参数
评价器	modelList	机器学习模型列表
	simTestX	仿真数据测试集输入
	simTestY	仿真数据测试集输出
	metricList	机器学习模型性能评价函数列表
传感器	k	地层刚度
	eta	空洞比
	angle	荷载方向
	t	减薄比
承载力损失率计算器	model	机器学习预训练模型
	sensor	衬砌检测传感器

7.2.2 MLLBC 的机器学习算法

由于衬砌承载力损失率的计算结果是连续值，故将其看作机器学习中的回归问题。MLLBC一共包含了5类典型的机器学习回归方法，每类方法都提供了2个经典算法，如表7.2所示。接下来将分5个类别对这10种模型进行详细的介绍。

表 7.2　工具箱所包含的机器学习模型列表

类别	机器学习算法
线性方法	线性回归（linear regression, LR） 多项式回归（polynomial regression, PR）
核方法	支持向量回归（support vector regression, SVR） 核脊回归（kernel ridge regression, KRR）
决策树和随机森林算法	决策树（decision tree, DT） 随机森林（random forest, RF）
k 近邻算法	*k* 近邻算法（*k*-nearest neighbor, kNN） 半径领域回归（radias neighbors regression, RNR）
神经网络算法	多层感知机（multi-layer perceptron, MLP） 多层感知机 - 拟牛顿优化法（multi-layer perceptron of the limited memory broyden-fletcher-goldfarb-shanno, MLP-LMBFGS）

1. 线性方法

线性回归（LR）和多项式回归（PR）是非常经典的线性模型，在非计算机时代即被提出并一直发展至今，到目前为止仍是很有用的计算工具。线性模型可以直观地反映数据的统计学规律，在对小样本数据或稀疏数据中能够具有优异的性能和较高的可解释性，其性能甚至可以超过一些比较复杂的非线性模型。

线性回归可以被看作许多机器学习算法的起源，其目的是找到合适的回归模型，能够根据输入值来预测尽可能精确的预测值。线性回归可以描述为给定输入向量$\boldsymbol{X}=[x_1,x_2,\cdots,x_k], x_i\in\mathbf{R}^D$，如何学习一个线性变换关系$f(x_i)$，使预测输出$\boldsymbol{Y}=[y_1,y_2,\cdots,y_k], y_i\in\mathbf{R}^D$尽可能的接近真实值，即

$$f(x_i)=w\boldsymbol{x}^{\mathrm{T}}{}_i+b\cong \boldsymbol{y}_i \tag{7.2}$$

式中：w与b为未知系数，即需要学习的参数，线性回归模型的任务就是尽可能的缩小$f(x_i)$和y_i之间的误差，即式（7.2）可重新描述为

$$\underset{(w,b)}{\arg\min}\sum_{i=1}^{k}(f(x_i)-y_i)^2 \tag{7.3}$$

由于计算较为简单，线性回归所需要的计算资源比较少，因此效率较高，但是针对高维数据和数据中的异常值比较敏感。

多项式回归是一种可以容纳非线性数据的线性模型。现实生活中的数据通常不能很好地拟合出一条直线，许多实际值会偏离预测直线，因此使用线性回归来预测此类数据时会产生较大的误差。多项式回归则可以利用多项式对非线性数据进行拟合，即利用多项式对数据进行预测：

$$f(x_i)=w_0+w_1x_1+w_2x_2+b \tag{7.4}$$

式（7.3）也可以用下面的带幂次项的多项式代替：

$$f(x_i)=w_0+w_1x_1+w_2x_2^2+w_3x_3^3+\cdots+w_dx_i^d+b_i \tag{7.5}$$

从上式可以看出，考虑使用基函数建立高维线性拟合可以适应更大范围的数据，同时扩展了多项式拟合的使用范围。

2. 核方法

核方法的主要特点是通过寻找合适的变换方式，将低维空间中线性不可分的数据转换到高维空间变成线性可分的数据，而该方法的主要工作核心就是寻找合适的变换函数。

支持向量回归（SVR）是核方法中的一个典型的算法，也是支持向量机（support vector machine，SVM）进一步的拓展。支持向量机的目的是通过找到一个合适的分类平面，使不同类别的数据尽可能地远离该分类平面，而支持向量回归则是通过寻找一个合适的回归平面，使同类别的数据尽可能地靠近该回归平面。假设给定数据集$D=\{(x_1,y_1),(x_2,y_2),\cdots,(x_m,y_m)\}$，$\boldsymbol{y}_i\in\mathbf{R}^D$，SVR 函数即可表示为

$$\min_{w,b}\frac{1}{2}\|w\|^2+c\sum_{i=1}^{m}l_\varepsilon(f(x_i)-y_i) \tag{7.6}$$

式中：c为正则化常数；l_ε为损失函数；w和b是未知参数。如果预测值和真实值之间的误差在允许范围内，就认为预测值是正确的。

核脊回归（KRR）与支持向量回归具有相同的学习形式，但是核脊回归采用了平方误差损失代替了支持向量回归中的损失函数，对于中小型数据集具有很好的效果，脊回归的目标函数为

$$J(w)=(y-Xw)^{\mathrm{T}}(y-Xw)+\lambda\|w\|^{2} \tag{7.7}$$

式中：λ为控制损失和正则项的回归系数，最小化该目标函数，即对目标函数中的w求导，可得到最优解：

$$w=(\boldsymbol{X}^{\mathrm{T}}\boldsymbol{X}+\lambda\boldsymbol{I}_{D})^{-1}\boldsymbol{X}^{\mathrm{T}}\boldsymbol{y}=(\sum\nolimits_{i}\boldsymbol{x}_{i}\boldsymbol{x}_{i}^{\mathrm{T}}+\boldsymbol{\lambda}\boldsymbol{I}_{D})^{-1}\boldsymbol{X}^{\mathrm{T}}\boldsymbol{y} \tag{7.8}$$

对脊回归的求解过程增加核函数，即变为核脊回归，由于其不再具有参数的稀疏性，因此计算速度低于线性模型。

3. 决策树及随机森林算法

决策树和随机森林这两种算法对解决分类和回归问题非常有效。决策树算法利用树的结构表示数据的分类结果，每个决策点实现了离散的分类输出，通过决策树的集成学习思想形成随机森林算法。

决策树算法通过对源数据的学习分析来构建合适的决策树，主要通过节点分裂和确定分裂阈值两个步骤来生成决策树。通过学习带标签的数据样本，当无法判断节点属性时，节点被分裂成两个子节点，而确定合适的阈值可以尽量减少分类错误的概率。在进行决策树构建，选择某个特征作为节点时，由于信息熵代表了信息的不确定性，因此希望节点特征的信息熵小，即最小化下述函数：

$$H(x)=-p_{i}(x)\log^{p_{i}(x)}=-\frac{n_{j}}{S}\log\frac{n_{j}}{S} \tag{7.9}$$

式中：n_j表示第j个样本类别在样本中出现的个数；S为样本总数；p_i为子集合中不同类型样例的比例。常用的决策树有ID3、C4.5和CART三种，相对其他两种CART的分类效果最优。ID3决策树利用熵原理来确定子父节点，对于一组数据，熵越小分类效果越好，即约束函数为式（7.8）。由于ID3可能存在过度学习的情况，因此C4.5通过添加约束项来抑制ID3过度学习带来的影响。C4.5与ID3相似，在节点分列时选取信息增益作为特征选择的标准。

随机森林是对决策树进行的集成，有以下4个构造步骤：①对训练数据集

进行重采样，形成多个子数据集，训练决策树；②随机选取属性做节点的分裂属性；③重复步骤②，直到不能再继续分裂；④集成所有决策树，形成随机森林模型。从随机森林的构造步骤可以看出，与决策树相比其具有较多的优点，如分类精度较高、不易过拟合、抗噪性能好、对异常数据的处理能力高，并且易于并行计算，具有较高的效率。许多改进的随机森林算法相继被提出并得到广泛应用，也将其应用领域从分类回归问题拓展到特征变换、特征输出等问题中。

4. *k* 近邻算法

*k*近邻（*k*NN）算法是模式识别领域中的典型算法，作为一种基于统计思想的数据挖掘算法，*k*近邻算法通过一组已知的带标签数据来判断未知数据标签，在分类和回归问题中已得到了广泛的应用，取得了较好的效果。

*k*近邻算法作为一种重要的模式识别算法，在机器学习领域中具有非常重要的意义。*k*NN算法的主要思想是先通过新样本与已知类别样本进行比对，计算出二者之间的距离，然后选择距离最短的新样本的*k*个已知样本类别，最后根据投票原则，将大多数该新样本邻近样本的标签作为新样本的标签。*k*NN算法常用欧式距离来计算样本间的相似性度量，即

$$d_{euc}(x,y)=[\sum_{j=1}^{d}(\boldsymbol{x}_j-\boldsymbol{y}_j)^2]^{\frac{1}{2}}=[(\boldsymbol{x}-y)(\boldsymbol{x}-\boldsymbol{y})^{\mathrm{T}}]^{\frac{1}{2}} \tag{7.10}$$

*k*NN算法不仅简单高效，训练成本较低，且复杂度只与训练数据集大小相关，适用于大样本数据集的自动分类问题。

与*k*NN算法思想相似，将*k*NN算法中的*k*值换为半径*r*值，就变为了半径邻域回归（RNR）算法。输入已知数据集$Z=(z_1,z_2,\cdots,z_n)$，其中$\boldsymbol{z}_i=(x_i,y_i)$，计算新数据点在半径*r*的邻域内与已知数据集中的样本的所有距离，然后进行多数表决，即该邻域内样本最多的类别为该新样本的类别。半径邻域回归可以预测连续数据，通过限制半径大小可以调节分类精确度，从而在手写数字识别、卫星图像分类等领域取得了很好的效果。

5. 神经网络算法

神经网络是一种模仿动物神经元网络行为特征的分布式并行信息处理模型，

但为了更高效便捷的处理信息，模型中根据各节点的相互关系，人工调整了大量的神经元节点间的相互连接方式。其中，多层感知机（multi-layer perceptron, MLP）模型是非常经典和基础的人工神经网络模型。

MLP模型可以描述为

$$a_h = \sum_{i=1}^{I} w_{ih} x_i \tag{7.11}$$

$$b_h = f(a_h) \tag{7.12}$$

式中：$f(a_h)$为激活函数，MLP常见的激活函数有Sigmoid 和Tanh两种，通过激活函数来引入非线性项，从而可以提高网络的拟合能力。MLP的架构上大体可以分为3层：第一层为输入层，第二层为中间层，第三层为输出层，其中隐藏层的组成是动态的，可以根据数据类型和大小来调整中间隐层个数，以获得更好的精度和效果。

MLP模型具有诸多优点，许多改进模型也相继被提出。其中，最典型的是对其添加基于梯度优化的约束算法，如multi-layer perceptron of the limited memory brovden-fletcher-goldfarb-shanno（MLP-LMBFGS），在每次迭代更新权重的过程中依靠公式：

$$\tilde{H}_{i+1}^{-1} = \gamma_i \boldsymbol{V}_i^{\mathrm{T}} \tilde{\boldsymbol{H}}_i^{-1} \boldsymbol{V}_i + \boldsymbol{\rho}_i \boldsymbol{s}_i \boldsymbol{s}_i^{\mathrm{T}} \tag{7.13}$$

式中：$\boldsymbol{\rho}_i = 1/\boldsymbol{y}_i^{\mathrm{T}} \boldsymbol{s}_i$为方向向量，$\boldsymbol{s}_i = \boldsymbol{x}_{i+1} - \boldsymbol{x}_i, \boldsymbol{V}_i = \boldsymbol{I} - \boldsymbol{\rho}_i \boldsymbol{s}_i \boldsymbol{s}_i^{\mathrm{T}}$；$\gamma_i$是第$i$次迭代的衰减因子；$\boldsymbol{I}$是一个$N_m \times N_m$的单位矩阵。与随机梯度下降（stochastic gradient descent, SGD）相比，（MLP-LBFGS）利用梯度信息接近Hessian逆矩阵，可以利用参数间的二阶近似来加速优化，提高优化效果、节约时间，能够获得快速的收敛速度并获得更好的性能。

7.3 实验及分析

7.3.1 衬砌承载力损失率数据集

目前很难找到公开的缺陷衬砌承载力数据集，为了验证工具箱的性能，进一步构建衬砌承载力损失率数值仿真数据集（loss rate of the lining bearing capacity datasets，LR-LBC）。分别以素混凝土（non-reinforced concrete, NC）和钢筋混凝土（reinforced concrete，RC）为原料制作了两种不同材料的1∶5等比例缩尺隧道衬砌模型。

对于NC和RC衬砌，选取地层刚度、空洞比、荷载方向三个共同的变量，对应的范围分别为：20MPa/m至850MPa/m、0至0.32、30° 至90° ，各变量数据集取值见表7.3。与RC不同，在NC中，由于缺少钢筋的存在，其厚度对衬砌承载力影响较大。在本数据集中，NC衬砌增加了一个变量，即减薄比，其范围为0至50%，地层刚度、减薄比、不同的荷载方向以及不同大小的空洞如图7.3所示。对上述自变量进行组合，利用ABAQUS分别对NC和RC衬砌进行数值模拟，共得到1500种不同的衬砌缺陷工况计算结果。

表 7.3　各变量数据集取值

变量	数据集取值
地层刚度（MPa/m）	20、120、220、320、420、520、620、720、850
空洞比	0、0.4、0.8、1.2、1.6、2.0、2.4、2.8、3.2
荷载方向（° ）	30、40、50、60、70、80、90
减薄比（%）	0、10、20、30、40、50

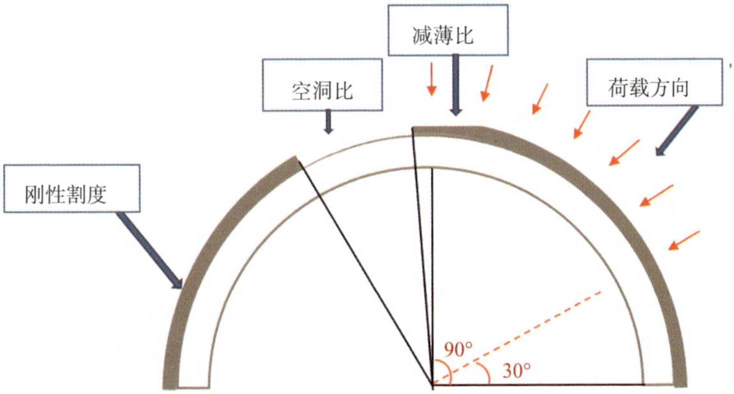

图 7.3　衬砌模型中变量范围的示意图

7.3.2 评价准则和实验基准

1. 评价准则

为了直观地评估该工具箱中的机器学习模型预测结果与数值仿真结果之间的误差，以及缺陷衬砌承载力损失率与机器学习模型得到结果的拟合程度，采用两个客观评价指标来评价模型的性能：均方根误差和拟合优度。

均方根误差（root-mean square error, RMSE）也称为标准误差，它用于测量真实值与预测值之间的偏差，用下式进行计算：

$$\mathrm{RMSE}=\sqrt{\frac{1}{n}\sum_{i=1}^{n}(f(x_i)-y_i)^2} \tag{7.14}$$

式中：n为样本总数目；RMSE指对一组测量值中的异常值，即误差非常大或者非常小的数据反映比较敏感，从上式中可以看出，当RMSE越接近0，预测精度就越高。

拟合优度指预测值和观测值之间的拟合程度，用确定系数R^2来表示，其计算方式如下：

$$R^2=1-\frac{\sum_{i=1}^{n}(y_i-f(x_i))^2}{\sum_{i=1}^{n}(y_i-\overline{y})^2} \tag{7.15}$$

式中：$\overline{y}=\frac{1}{n}\sum_{i=1}^{n}y_i$，为真实观测值的均值，当$R^2$越接近1，表明两者的拟合优度越高，反之越小，表明观测值和预测值间的拟合程度越差。因此，希望利用工具箱中的机器学习模型得到的预测值与真实值的拟合程度越高越好。

2. 实验基准

LR-LBC数据集被划分为训练集与测试集，本次实验的测试集是从LR-LBC数据集中均匀选择500个工况下的承载力损失率数据，剩下的数据作为训练集，为了更加准确地在多个维度评估每个模型的性能，LR-LBC数据集被划分为大小不同的训练集，分别为20、50、200、500、1 000。为了保证试验的客观性，工具箱运行环境为python3，所有试验都是在i7-7500CPU上运行，并保证所有的运行环境一致。建模一组数据需要1.5h左右，使用3台计算机同时并行，进行2个月的有限元计算。

7.3.3　实验结果及分析

为了全面分析工具箱中的机器学习模型性能，对不同数量训练集进行测试。表7.3展示了不同训练集下不同机器学习模型得到的NC隧道衬砌承载力损失率均方根误差值，表7.4给出了不同算法的NC隧道衬砌承载力损失率拟合优度。从实验结果来看，机器学习算法能够出色地完成衬砌承载力损失率计算任务。

表 7.4　工具箱中 NC 隧道衬砌承载力损失率的均方根误差

机器学习模型	训练集数量				
	20	50	200	500	1000
线性回归（LR）	0.15	0.116	0.115 2	0.109 2	0.108 4
多项式回归（PR）	0.269 6	0.158 8	0.070 5	0.052 6	0.050 7
支持向量回归（SVR）	0.173 1	0.108 2	0.100 7	0.095 1	0.093 7
核脊回归（KRR）	0.122	0.102 9	0.103	0.100 1	0.098 7
决策树（DT）	0.151 1	0.104 2	0.079 9	0.057 5	0.049 2
随机森林（RF）	0.107 5	0.070 7	0.058 2	0.043 5	0.043 2
k 近邻算法（*k*NN）	0.241 9	0.166 1	0.120 7	0.071 2	0.057 4
半径领域回归（RNR）	0.349 4	0.348	0.158 6	0.072 5	0.061 6
多层感知机 - 梯度下降优化法（MLP-sgd）	0.283 7	0.126 5	0.253 2	0.092 8	0.084 5
多层感知机 - 拟牛顿优化法（MLP-lbfgs）	0.185 2	0.089 8	0.059 2	0.035 8	0.034 7

表 7.5　工具箱中 NC 隧道衬砌承载力损失率的拟合优度

机器学习模型	训练集数量				
	20	50	200	500	1000
线性回归（LR）	0.854 2	0.897 4	0.898 8	0.903 5	0.904 8
多项式回归（PR）	0.577 4	0.815	0.957 2	0.975 3	0.977
支持向量回归（SVR）	0.305 6	0.859 2	0.900 9	0.920 7	0.925
核脊回归（KRR）	0.811 3	0.894 3	0.906 9	0.916 6	0.919 7

续表

机器学习模型	训练集数量				
	20	50	200	500	1000
决策树（DT）	0.831 4	0.906 3	0.943 1	0.971 7	0.979 3
随机森林（RF）	0.899 9	0.957 8	0.970 2	0.983 3	0.983 7
k 近邻算法（*k*NN）	-0.275 6	0.594	0.825 2	0.951	0.969 9
半径领域回归（RNR）	0	0	0.443 5	0.944 9	0.960 6
多层感知机 - 梯度下降优化法（MLP-sgd）	-14.612 8	0.886 8	-3.437 8	0.925 3	0.942 1
多层感知机 - 拟牛顿优化法（MLP-lbfgs）	0.736 9	0.935 3	0.972	0.989 1	0.989 6

另外，利用该工具箱得到的RC隧道承载力损失率的均方根误差和拟合优度结果在表7.5和7.6中给出。从表中可以看出，钢筋混凝土衬砌模型性有能随着训练数量的增加而下降的规律，线性模型对素混凝土和钢筋混凝土的预测结果区别不大，而MLP的预测结果随着训练集数的增加而发生了比较明显的变化，这是由于MLP需要大量的训练数据来拟合出更好的模型。

表 7.6　工具箱中 RC 衬砌承载力损失率的均方根误差

机器学习模型	训练集数量				
	20	50	200	500	1000
线性回归（LR）	0.229	0.191 7	0.192 9	0.184 6	0.183 1
多项式回归（PR）	0.316 3	0.19	0.091 6	0.072 1	0.069 8
支持向量回归（SVR）	0.304 8	0.200 9	0.167 6	0.135 7	0.127 3
核脊回归（KRR）	0.229 5	0.167 4	0.164 4	0.141 7	0.134 5
决策树（DT）	0.199 3	0.178 2	0.138 9	0.091 3	0.128 2
随机森林（RF）	0.158 2	0.153 5	0.125 3	0.092 6	0.083
k 近邻算法（*k*NN）	0.363 1	0.240 8	0.182 8	0.102 7	0.081 7
半径领域回归（RNR）	0.509 1	0.504 2	0.243 8	0.106 8	0.090 1
多层感知机 - 梯度下降优化法（MLP-sgd）	0.215	0.327 2	0.355 7	0.171 3	0.083 6
多层感知机 - 拟牛顿优化法（MLP-lbfgs）	0.265 5	0.135 2	0.101 5	0.053 9	0.049 2

表 7.7　工具箱中 RC 衬砌承载力损失率的拟合优度

机器学习模型	训练集数量				
	20	50	200	500	1000
线性回归（LR）	0.801 6	0.862 1	0.853 2	0.860 7	0.864 1
多项式回归（PR）	0.68	0.864 6	0.966 1	0.978 7	0.980 1
支持向量回归（SVR）	-0.307 9	0.709 4	0.856	0.921 3	0.933 8
核脊回归（KRR）	0.646 3	0.863 1	0.879 1	0.918 2	0.928 1
决策树（DT）	0.840 5	0.874 5	0.914 8	0.965 7	0.931 8
随机森林（RF）	0.891 2	0.904 5	0.931 3	0.962 2	0.970 3
k 近邻算法（*k*NN）	-0.410 1	0.562 7	0.796 2	0.950 2	0.970 9
半径领域回归（RNR）	0	0	0.322 7	0.941 6	0.959 3
多层感知机 - 梯度下降优化法（MLP-sgd）	0.804 7	-1.247 5	-2.456 4	0.870 8	0.969 7
多层感知机 - 拟牛顿优化法（MLP-lbfgs）	0.692 8	0.933	0.960 7	0.988 2	0.990 1

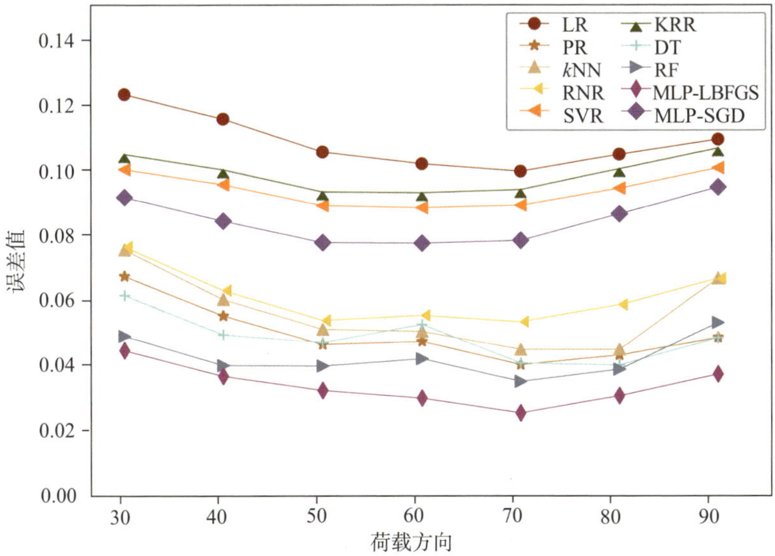

（a）NC衬砌

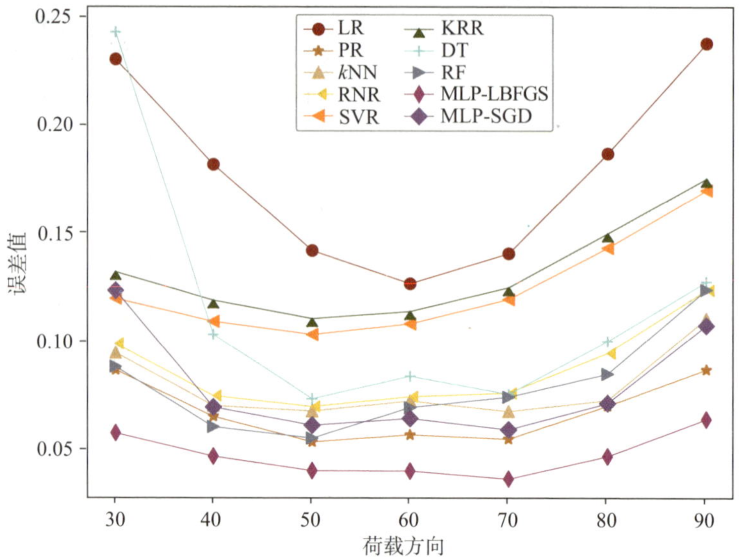

（b）RC衬砌

图 7.4　NC 和 RC 衬砌上不同荷载方向下的均方根误差值

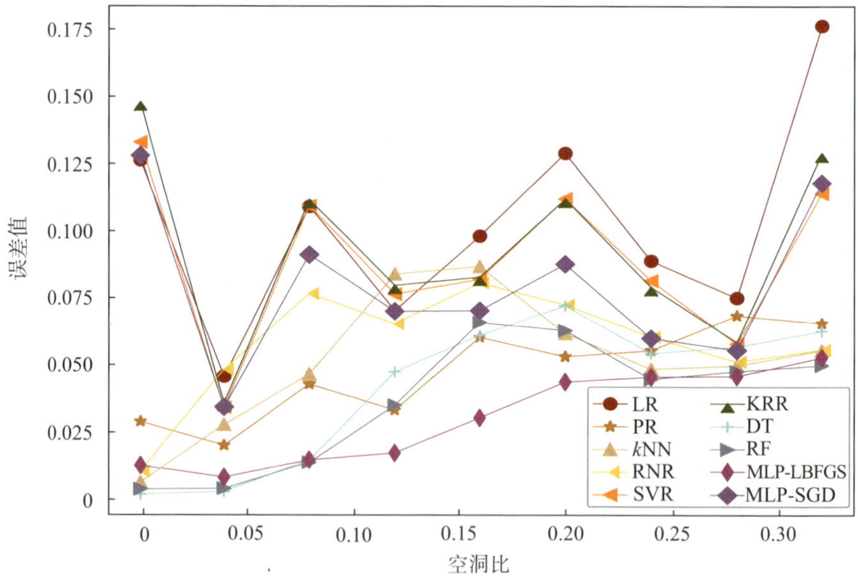

（a）NC衬砌

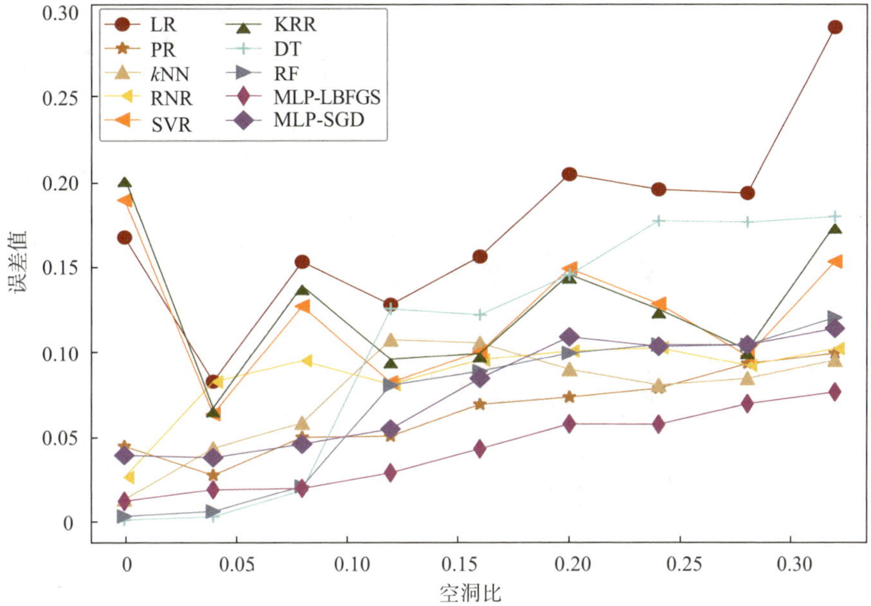

（b）RC衬砌

图 7.5　NC 和 RC 衬砌上不同空洞比下的均方根误差值

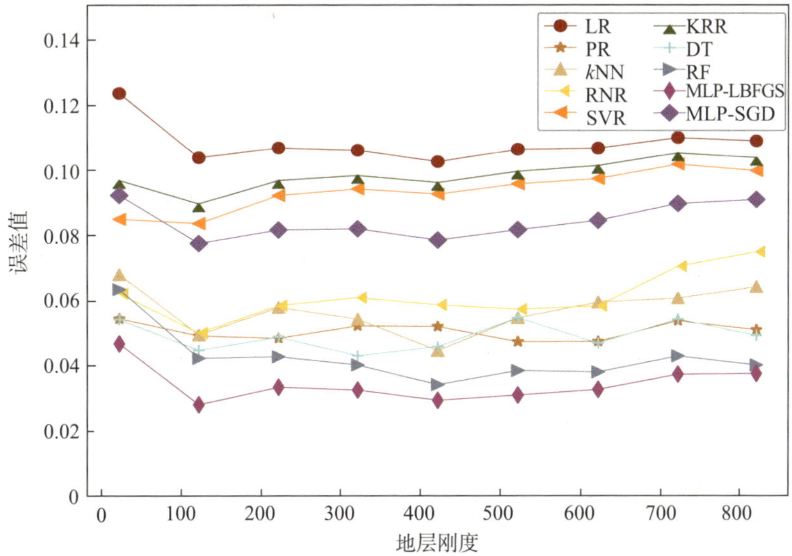

（a）NC衬砌

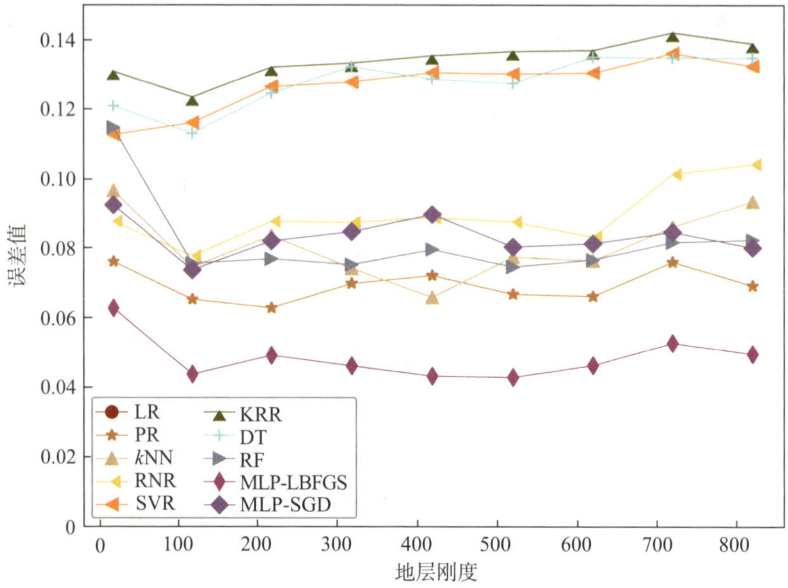

（b） RC衬砌

图 7.6　NC 和 RC 衬砌上不同地层刚度的均方根误差值

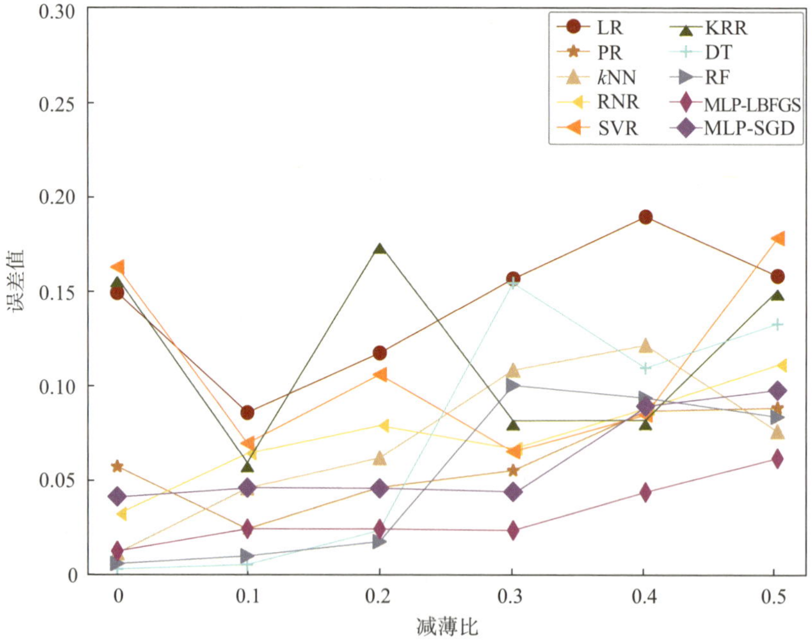

图 7.7　NC 衬砌上不同减薄比的均方根误差值

图 7.7 为 NC 衬砌不同减薄比的均方根误差，从图中可以看出，在减薄比为 0~20% 时，使用决策树和随机森林算法的效果最好，而减薄比为 20%~50% 时，使用拟牛顿优化法的多层感知机的性能较好。从表 7.3~ 表 7.6 中可以看出，决策树和随机森林算法是性能较好的模型，能够更为精确地计算衬砌承载力损失率。

从实验的角度可以发现，在数据量较少的情况下，采用随机森林算法是一个不错的选择，它不仅在性能上最好，计算资源占用也较少。此外，在数量充足的情况下，采用拟牛顿算法对多层感知机进行优化达到了最优的效果，并且 MLP-LMBFGS 在不同变量下取得了较低的平均错误率。上述实验结果及分析可以为衬砌承载力损失率计算模型提供选择依据。

第 8 章　技术成果与展望

8.1　技术成果

通过调研分析、模型试验和数值模拟计算得到以下主要结论。

（1）基于公路隧道养护检测项目，对已有隧道质量缺陷及病害检测数据和相应的隧道设计施工资料进行了统计学分析，进而揭示了云南省公路隧道衬砌裂缝、背后空洞及衬砌厚度不足等质量缺陷的分布规律；从分布规律和特点可以推断云南地区公路隧道病损主要是由地质条件、施工环境、机械设备、施工工艺、施工人员素质等原因造成的。

（2）为了对衬砌空洞、脱空等不良病害特征进行识别，确保隧道衬砌雷达检测图谱的正确解译以及提高无损检测结果的可靠性，建立了1:1隧道各种常见缺陷的隧道衬砌边墙模型。通过二维和三维地质雷达对多种缺陷的衬砌模型检测，得到了典型缺陷衬砌的地质雷达标准图谱，总结了各种质量缺陷的雷达图像特征。

（3）建立了1: 5大比例尺衬砌试验模型，通过模型试验发现，空洞影响衬砌的力学特性，特别是衬砌初裂后和峰值荷载后的力学特性。不同空洞尺寸下衬砌的破坏形态相似，但空洞尺寸越大，衬砌承载力越低，达到峰值荷载所发生的位移越小，空洞处衬砌变形越大，空洞处衬砌越容易破坏。围岩对衬砌的约束很重要，围岩约束减弱，衬砌承载力和变形性能显著下降，与NC衬砌相比，RC衬砌提高了结构的整体性，即使在空洞范围为60°的情况下，衬砌破坏仍以局部压溃掉块为其主要特征，而没有出现整体垮塌现象。

（4）通过对NC衬砌在单一缺陷和组合缺陷下的荷载-位移曲线、割线刚度、衬砌应变、衬砌破坏形态的分析，发现衬砌背后存在空洞时，衬砌刚度减小；空洞范围越大，衬砌越易变形，当达到某一空洞尺寸时，围岩的约束作用减弱，衬砌承载力和变形性能显著下降。衬砌减薄主要影响其变形性能以及减薄截面的承载力和刚度。空洞和减薄组合缺陷下的衬砌荷载-位移曲线呈尖锐锯齿状，衬砌的弹性、弹塑性和破坏性三阶段过渡不再平缓，衬砌力学性能明显下降。

（5）通过对NC衬砌的拱顶和拱肩两个位置处的空洞范围、衬砌减薄比、组合缺陷、荷载方向和地层刚度等参数的敏感性分析，经过300个工况的数值模拟得出以下结论。

①在不同地层刚度和荷载模式下，衬砌承载力随空洞范围的增大均呈从缓降、速降再缓降的“S”形曲线下降规律。围岩基本质量指标越高、完整性越好，空洞对衬砌承载力的影响越大。

②在减薄处施加荷载，衬砌承载力随减薄比呈线性减小。距离减薄处越远，对承载力的影响就越小。随着减薄程度的增加，衬砌达到峰值荷载后曲线的下降越快，衬砌更易发生脆性破坏。同样，围岩质量越好，衬砌减薄对承载力的影响就越大。

③在不同缺陷位置及荷载方向下，组合缺陷对衬砌承载性能的影响规律一致。衬砌峰值荷载随组合缺陷程度的增大呈“S”形曲面下降，地层刚度越大，组合缺陷引起的衬砌承载力下降幅度越大。

（6）通过对RC缺陷衬砌的空洞尺寸、地层刚度和尺寸效应3个参数敏感性分析得到以下结论。

①空洞尺寸越大，衬砌承载力越低，当达到峰值荷载的位移越小，空洞处衬砌变形量越大时，空洞处衬砌更容易破坏。

②衬砌承载力随拱顶空洞范围的增大呈线性减小，随拱肩空洞的增大呈先迅速下降，之后趋于平缓的两阶段发展规律。空洞尺寸对衬砌承载力的影响程度随空洞位置的不同而异。竖向和斜向加载时衬砌的力学行为基本一致，而水平向加载时衬砌具有更大的承载力、更小的破坏位移，破坏部位更为集中。

③当地层刚度较小时，衬砌承载力随空洞尺寸的增加呈线性下降；当地层刚度大于150MPa/m时，衬砌承载力曲线呈三阶段变化规律。地层刚度越大，

空洞尺寸对衬砌承载力的影响越大。

④随着RC衬砌尺寸的增大，衬砌峰值荷载及其对应的位移呈非一致性增长。全尺寸与1: 5模型衬砌表现出相似的荷载-位移曲线形态和衬砌承载力下降规律。

（7）研究结合实际需求，提出了一个可以针对多种复杂衬砌缺陷组合的承载力计算工具箱。该工具箱包含5类机器学习的回归算法，每类含有两个模型，为了验证该工具箱的性能，本文分别建立了NC和RC衬砌承载力仿真数据集，实验表明，随机森林和神经网络模型的性能较好。

8.2 研究展望

本书针对云南地区典型运营公路隧道结构，选择典型质量缺陷及病害工况，采用室内模型试验研究了含病损衬砌结构的受力变形及其承载特性，揭示了病损衬砌对隧道结构力学性能的影响机制。在此基础上，基于混凝土损伤断裂理论，采用隧道衬砌混凝土损伤力学模型，建立了能反映病害特征和作用机制的病损隧道数值模拟计算模型。在验证模型有效性的基础上，进行了衬砌背后空洞及减薄等质量缺陷下的参数敏感性分析，研究了各种病损下衬砌结构损伤特征和分布规律，揭示了病害对衬砌结构承载性能的影响规律。从缺陷病害对衬砌结构力学性能的影响角度，实现了基于机器学习算法的隧道衬砌承载力计算的机器学习工具箱。借助研究成果，在以下方面还可以继续开展研究。

（1）依托建立的1:1多种衬砌缺陷的隧道边墙模型，开展二维、三维地质雷达检测，获得典型病损衬砌的三维地质雷达图谱特征，建立隧道典型质量缺陷及病害的比对数据和缺陷病害图谱特征数据库，形成行业标准。

（2）开展基于力学性能评价的隧道病害处治技术及处治效果评价研究，建立病损隧道加固后（如套拱加固等）的计算模型，研究各种加固措施下衬砌结构的力学性能。综合考虑典型处治加固后隧道结构的力学性能和加固经济性、施工便利性等因素，评价病损隧道处治效果。

（3）将衬砌裂缝、渗水、混凝土老化等其他因素加以考虑，综合研究运营隧道缺陷衬砌力学性能和承载力损失率及变化。

（4）隧道缺陷检测结果的解译与技术人员的专业知识和经验相关。有必要综合多种无损检测手段，通过大量的现场检测数据和室内模型试验，建立各种缺陷的多元传感器判定方法，从而提高现场检测结果解译的工作效率及检测精度。

参考文献

[1] 交通运输部. 2018年交通运输行业发展统计公报[N]. http://www.mot.gov.cn. [2019-04-12].

[2] YZ, ZS, ZX, et al.Research on the laws of seismic dynamic response of loess slopes with different shapes[J]. Advances in Materials Science and Engineering, 2019(2): 56-72.

[3] ZS, Renz, Ding ZD, et al. Influence of existing defects on mechanical properties of NC lining[J]. Advances in Materials Science and Engineering, 2019(2): 45-49.

[4] Zhangs, Wuw, Yangz, et al. MLLBC: A Machine learning toolbox for modelling the loss rate of the lining bearing capacity[J]. IEEE Access, 2020(3): 78-80.

[5] 言志信,张森,龙哲,等.地震作用下顺倾岩体边坡锚固界面剪切作用分析[J].振动与冲击, 2010, 39(3): 260-268.

[6] Toshihiro A, Yoshivuki K. Tunnel maintenance in Japan[J]. Tunneling and Underground Space Technology, 2003(18): 161-169.

[7] 北京交通大学. 铁路运营隧道病害综合政治技术及安全性评价研究[D]. 北京: 北京交通大学, 2007.

[8] 应国刚.衬砌背后空洞对隧道结构体系安全性的影响机理研究[D]. 北京: 北京交通大学, 2016.

[9] 薛乙彰. 公路黄土隧道衬砌裂缝现场调查与产生机理的数值方法研究[D]. 西安: 西安理工大学, 2018.

[10] 张素磊. 隧道衬砌结构健康诊断及技术状况评定研究[D]. 北京: 北京交通大学, 2012.

[11] Qi S, Chen X X. The Application of ground penetrating radar in railway

tunnel concrete quality detection[J]. Advanced Materials Research, 2011: 228-229.

[12] 李霄凯，童正洪．高速铁路隧道地质雷达法检测技术[J]. 铁道标准设计，2012(22): 88-91, 106.

[13] Wang J R. An empirical model for the complex dielectric permittivity of soils as a function os water content[J]. IEEE Transactions on Geoscience & Remote Sensing, 1980(4): 288-295.

[14] 陈礼伟．地质雷达检测隧道衬砌质量中的问题研究[J]. 岩土力学，2003(24): 146-149.

[15] He Y L, Yan D W, Xing J W. Ground-Penetrating Radar Detection of the Defects in Tunnel Lining[J]. Advanced Materials Research, 2010, 163-167(163-167): 3794-3797.

[16] Cardarelli E,Marrone C, Orlando L. Evaluation of tunnel stability using integrated geophysical methods[J]. Journal of Applied Geophysics, 2003, 52(2): 93-102.

[17] 喻军，刘松玉，童立元．地质雷达在隧道初衬质量检测中的应用研究[J]. 岩土力学，2008, 29(S1): 303-306.

[18] Sagnard F,Rejiba F,Froumentin M. Development of wideband crosshole and surface GPR for soil characterization: FDTD modeling and experiments[C]//European Microwave Conference, [S.l.]: [s.n.], 2010: 30-38.

[19] Leucci G, Persico R. Integrated use of GPR and TDR for soil permittivity evaluation[C]//Ground Penetrating Radar（GPR）, 2012 14 th International Conference on June 4-8. [S.l. ：s.n.], 2012: 24-28.

[20] Yu S, Jang J, Han C. Auto inspection system using a mobile robot for detecting concrete cracks in a tunnel[J]. Automation in Construction, 2007, 16(3): 255-261.

[21] Lee S, et al. Development of an inspection system for cracks in a concrete tunnel lining [J]. Canadian Journal of Civil Engineering, 2007, 34(8): 966-975.

[22] Diamanti N, Redman J D, Giannopoulos A. A study of GPR pavement crack

responses using field data and numerical modelling[C]//International Conference on Ground Penetrating Radar, [S.l.: s.n.], 2010: 62-70.

[23] 刘晓瑞,谢雄耀. 基于图像处理的隧道表面裂缝快速检测技术研究[J]. 地下空间与工程学报, 2009, 5(S2): 1624-1628.

[24] 王泰典, 林信宏, 李佳翰, 等. 营运中隧道衬砌裂缝影像判释暨特征化与数字化技术[J]. 隧道建设, 2010, 30(S1): 100-108.

[25] 王平让, 黄宏伟, 薛亚东. 隧道衬砌裂缝自动检测性能影响因素模型试验研究[J]. 岩石力学与工程学报, 2012, 31(8): 1705-1714.

[26] 戴鹏, 王卫东, 任盛伟, 等. 高速车载数字图像采集关键技术研究[J]. 计算机测量与控制, 2014, 22(1): 267-269.

[27] 黄宏伟, 孙巍, 薛亚东. 基于机器视觉的隧道衬砌表面病害检测技术研究进展[C]// 中国土木工程学会隧道及地下工程分会. 2014中国隧道与地下工程大会(CTUC)暨中国土木工程学会隧道及地下工程分会第十八届年会论文集. 同济大学地下建筑与工程系, 同济大学岩土工程重点实验室, 2014: 13.

[28] 杨晓虹, 许国东, 李天艳, 等. 红外热像技术在建筑渗漏检测中的应用[J]. 质量检测, 2010, 28(5): 24-26.

[29] 邓烨,关洪军,秦雷,等. 红外热像法在地下工程防水质量和渗漏检测中的应用[J]. 中国建筑防水, 2014(5): 33-36, 48.

[30] Asakura T, Kojima Y. Tunnel maintenance in Japan[J]. Tunnelling and Underground Space Technology Incorporating Trenchless Technology Research, 2003, 18(2): 161-169.

[31] Clark M R,Mccann D M,Forde M C. Application of infrared thermography to the non-destructive testing of concrete and masonry bridges[J]. Ndt & E International, 2003, 36(4): 265-275.

[32] 程姝菲,黄宏伟. 盾构隧道长期渗漏水检测新方法[J]. 地下空间与工程学报, 2014, 10(3): 733-738.

[33] 李晶哲, 黄宏伟, 马赟, 等. 基于红外热成像技术的隧道衬砌渗漏水检测方法研究[J]. 公路交通科技(应用技术版), 2014, 10(8): 223-225, 247.

[34] 顾天雄, 朱福龙, 程国开, 等. 隧道衬砌渗漏水红外特征模拟试验及图像处理[J]. 武汉工程大学学报, 2017, 39(1): 96-102.

[35] Thévenaz L .Seepage and settlement monitoring for earth embankment dams using fully distributed sensing along optical fibers[C]// 国际光学工程学会, 中国仪器仪表学会. Optoelectronic Measurement Technology and Applications——Proceedings of SPIE 2008 International Conference on Optical Instruments and Technology (1). EPFL Swiss Federal Institute of Technology, Institute of Electrical Engineering, STI-GR-SCI Station 11, 1015 Lausanne, Switzerland;, 2008: 7.

[36] 陶珺, 穆磊, 杜平. 多点光纤光栅测温系统在渗流监测中的应用研究[J]. 量子电子学报, 2010, 27(1): 105-109.

[37] 张素磊. 隧道衬砌结构健康诊断及技术状况评定研究[D]. 北京: 北京交通大学, 2012.

[38] 冯岗. 隧道衬砌厚度不足和背后空洞对衬砌结构安全性影响研究[D]. 北京: 北京交通大学, 2013.

[39] 孙文龙. 毛坪隧道衬砌缺陷致害机理与加固措施研究[D]. 重庆: 重庆交通大学, 2014.

[40]周强. 高速公路隧道衬砌背后空洞影响及安全性分析[D]. 重庆: 重庆交通大学, 2013.

[41] Hadi F, Mohammad AEF, Saeed S, et al. Selection of a suitable method for the assessment of excavation damage zone using fuzzy AHP in Aba Saleh Almahdi tunnel, Iran[J]. Arabian Journal of Geosciences, 2014(2): 68-90.

[42] Mirhedayatian M, Jelodar J M, Adnani S, et al. A new approach for prioritization in fuzzy AHP with an application for selecting the best tunnel ventilation system[J]. The International Journal of Advanced Manufacturing Technology, 2013, 68(9-12): 2589-2599.

[43] 何伟. 灰色系统理论在隧洞工程中的应用研究[D]. 西安: 西安理工大学, 2010.

[44] 于伟达. 基于模糊神经网络的公路隧道健康监测评估系统研究[D]. 杭州: 浙江大学, 2010.

[45] 庞元志. 基于DER&U评估方法的B/S架构桥梁管理系统[D]. 成都: 西南交通大学, 2008.

[46] 吴剑飞. 运营病害隧道健康状态评估[D]. 成都: 西南交通大学, 2017.

[47] 张建伟. 运营隧道健康检测评估模型研究[D]. 重庆: 重庆交通大学, 2012.

[48] 李明, 陈洪凯. 隧道衬砌厚度不足的健康判据试验研究[J]. 岩土力学, 2011, 32(S1): 579-586.

[49] 顾军. 数据库及D.E.R.评估法在桥梁信息管理系统中的应用[D]. 成都: 西南交通大学, 2006.

[50] 杨露. 运营公路隧道土建结构快速检测评价技术研究[D]. 成都: 西南交通大学, 2015.

[51] 杨健, 阳富强, 沈斐敏. 基于改进DSmT的公路隧道行车安全综合评价方法研究[J]. 中国安全科学学报, 2016(8): 120-125.

[52] 吴贤国, 吴克宝, 沈梅芳, 等. 基于云模型的运营隧道结构健康安全评价[J]. 中国安全生产科学技术, 2016(5): 75-81.

[53] 彭怀德, 刘敦文, 马静, 等. 基于云模型的长时停工隧道衬砌结构质量评价[J]. 安全与环境学报, 2017, 17(4): 18-22.

[54] 王华牢, 李宁, 褚方平. 公路隧道衬砌厚度不足对衬砌安全性影响[J]. 交通运输工程学报, 2009, 9(2): 32-38.

[55] Lackner, Mang H. A. Cracking in shotcrete tunnel shells[J]. Engineering Fracture Mechanics, 2003, 70(7): 1047-1068.

[56] Amorima D.L.N.F., Sergio P.B.. Simplified modeling of cracking in concrete: Application in tunnel linings[J]. Engineering Structures, 2014, 70: 23-35.

[57] 王华牢, 李宁. 带裂缝的隧道衬砌刚度验算与加固[J]. 长安大学学报（自然科学版）, 2009, 29(1): 64-68.

[58] 赖金星, 刘炽, 胡昭, 等. 盾构隧道衬砌背后空洞对结构影响规律数值分析[J]. 现代隧道技术, 2017, 54(3): 131-139.

[59] Wang J, Huang H, Xie X, et al. Void-induced liner deformation and stress redistribution[J]. Tunnelling and Underground Space Technology Incorporating

Trenchless Technology Research, 2014, 40(40): 263-276.

[60] 雷波，漆泰岳，陈小雨，等. 背后空洞引起高速铁路隧道衬砌裂缝形态的FEM对比分析[J]. 铁道标准设计，2015, 59(9): 104-108.

[61] 张成平，张旭，冯岗，等. 衬砌厚度不足对隧道结构安全性的影响分析[J]. 现代隧道技术，2017, 54(2): 137-143, 169.

[62] 何川，唐志成，汪波，等. 应力场对缺陷隧道承载力影响的模型试验研究[J]. 地下空间与工程学报，2009, 5(2): 227-234.

[63] 李明. 山岭隧道与地下工程健康评价理论研究及应用[D]. 成都：西南交通大学，2011.

[64] 刘学增，张鹏，周敏. 纵向裂缝对隧道衬砌承载力的影响分析[J]. 岩石力学与工程学报，2012, 31(10): 2096-2102.

[65] 刘学增，包浩杉，周敏. 纵向裂缝对隧道钢筋混凝土衬砌结构影响的试验[J]. 上海交通大学学报，2012, 46(3): 441-445.

[66] Leung C, Meguid M A. An experimental study of the effect of local contact loss on the earth pressure distribution on existing tunnel linings[J]. Tunnelling and Underground Space Technology Incorporating Trenchless Technology Research, 2011, 26(1): 139-145.

[67] Wang T T. Characterizing crack patterns on tunnel linings associated with shear deformation induced by instability of neighboring slopes[J]. Engineering Geology, 2010, 115(1): 80-95.

[68] 崔文艳，宋建，刘宇，等. 不同位置空洞对隧道衬砌的力学行为分析[J]. 水利与建筑工程学报，2011, 9(5): 70-73.

[69] 方勇，郭建宁，康海波，等. 富水地层公路隧道衬砌背后空洞对结构受力的影响[J]. 岩石力学与工程学报，2016, 35(8): 1648-1658.

[70] 汤雷，王宏. 白山嘴隧洞顶拱衬砌厚度不足对结构性态影响研究[J]. 水利学报，2007(S1): 106-110.

[71] 张士宏，宋鸿武，徐勇，等. 一种韧性断裂损伤力学建模方法及其应用[J]. 精密成形工程，2011, 3(6): 31-36.

[72] 伍国军, 陈卫忠, 曹俊杰, 等. 工程岩体非线性蠕变损伤力学模型及其应用[J]. 岩石力学与工程学报, 2010, 29(6): 109-116.

[73] 佘健, 何川, 汪波, 等. 衬砌背后空洞对隧道结构承载力影响的模型试验研究[J]. 公路交通科技, 2008(1): 104-110.

[74] 汪波, 李天斌, 何川, 等. 衬砌减薄对隧道结构承载力影响的模型试验研究[J]. 铁道学报, 2013, 35(2): 106-114.

[75] 童建军, 王明年, 梁东, 等. 海底隧道二次衬砌承载力试验及安全性评价[J]. 地下空间与工程学报, 2015, 11(3): 573-578.

[76] 刘学增, 周若阳, 桑运龙, 等. 基于承载力分析的公路隧道结构健康度评价方法//第八届全国运营安全与节能环保的隧道及地下空间学术研讨会论文集, 2017.

[77] 于玲, 白士杰, 刘晓雪, 等. 隧道衬砌厚度不足对衬砌结构承载力影响[J]. 沈阳建筑大学学报（自然科学版）, 2017, 33(6): 1039-1047.

[78] 陈强, 唐羽, 张小江, 等. 隧道衬砌裂损承载力有限元分析[J]. 公路交通科技, 2015(4): 118-119.

[79] 聂子云. 隧道衬砌背后空洞对结构安全影响及防治技术研究[D]. 长沙: 中南大学, 2013.

[80] 孙作强. 隧道衬砌截面极限承载力评价方法及其应用研究[D]. 北京: 北京交通大学, 2019.

[81] Neukirchen R, Vollmer M. Controlling toolbox fürein erfolgreiches change management in finance shared services projekt [J]. Controlling, 2007, 19(2): 91-98.

[82] Zhang C, Pan X, Li H, et al. A hybrid MLP-CNN classifier for very fine resolution remotely sensed image classification [J]. ISPRS Journal of Photo grammetry and Remote Sensing, 2018, 140: 133-144.

[83] Chang C C, Lin C J. LIBSVM: A library for support vector machines [J]. ACM Transactions on Intelligent Systems and Technology, 2011, 2(3): 1–27.

[84] Abadi M, Barham P, Chen J, et al. TensorFlow: A system for large-scale machine learning.[J]. CoRR, 2016, abs/1605. 08695

[85] Paszke A, Gross S, Chintala S, et al. Automatic differentiation in pytorch [J]. NIPS 2017 Work shop, 2017(5): 102-110.

[86] Girshick, R., Radosavovic, I., Gkioxari, G., Dollár, P., He, K.: Detectron (2018).

[87] Manning C D, Surdeanu M, Bauer J, et al. The Stanford CoreNLP natural language processing toolkit[C]//Pro-ceedings of 52nd Annual Meeting of the Association for Computational Linguistics: System Demonstrations. 2014: 55-60.

[88] Shvachko K, Kuang H, Radia S, et al. The hadoop distributed file system [J]. In MSST, 2010(10): 1-10.

[89] Meng X, Bradley J, Yavu B, et al. Mllib: Machine learning in apache spark [J]. The Journal of Machine Learning Research, 2016, 17(1): 1235-1241.

[90] Kaelbling L P, Littman M L, Moore A M. Reinforcement learning: A survey [J]. Journal of Artificial Intelligence Research, 1996(7): 237-285.

[91] Kurach K, Raichuk A, Stanczyk P, et al. Google Research Football: A Novel Reinforcement Learning Environment. [J]. CoRR, 2019, abs/1907. 11180

[92] Morshed A, Jayaraman P P, Sellis T, et al. Deep osmosis: Holistic distributed deep learning in osmotic computing [J]. IEEE Cloud Computing, 2017, 4(6): 22-32.

[93] Li B, Sahoo D, Hoi S C. OLPS: A toolbox for on-line portfolio selection [J]. The Journal of Machine Learning Research, 2016, 17(1): 1242-1246.

[94] Kim J H. Tackling false positives in business research: A statistical toolbox with applications [J]. Journal of Economic Surveys, 2018, 33(2): 862-895.

[95] Thangarajh M, Kaat A J, Bibat G, et al. The NIH toolbox for cognitive surveillance in Duchenne muscular dystrophy [J]. Annals of clinical and translational neurology, 2019, 6(9): 1696-1706.

[96] Metsker O, Kesarev S, Bolgova E, et al. Modelling and analysis of complex patient-treatment process using graphMiner toolbox [C]//International Conference on Computational Science, 2019(10): 674-680.

[97] Ghimire S, Dhital P K, Mishra A K. Small Signal Stability Analysis Toolbox:

A MATLAB based GUIC [C]//2019 Second International Conference on Advanced Computational and Communication Paradigms(ICACCP), 2019(3): 1-5.

[98] Taormina R, Galelli S, Douglas H C, et al. A toolbox for assessing the impacts of cyber-physical attacks on water distribution systems[J]. Environmental modelling & software, 2018(9): 46-51.

[99] Melzer S, Speichert J P, Eichmann O C, et al. Simulating cyber-physical systems using a broker-based SysML toolbox [J]. In to Workshop on Aircraft System Technologies(AST), 2019(10): 98-100.

[100] Boonstra S, vanderBlom K, Hofmeyer H, et al. Coupling between a building spatial design optimisation toolbox and BouwConnect BIM [C]//Advances in Informatics and Computing in Civil and Construction Engineering, 2019(7): 95-102.

[101] Kyriacou A, Michaelides M P,Eliades D G, et al. COMOB: A MATLAB toolbox for sensor placement and contaminant event monitoring in multi-zone buildings[J]. Building and Environment, 2019(12): 348-361.

[102]吴华金, 汪秀根. 云南山区高速公路隧道建设发展与展望[J]. 林业建设, 2009(6): 52-54.

[103]刘新荣, 舒志乐, 朱成红, 等. 隧道衬砌空洞探地雷达三维探测正演研究[J]. 岩石力学与工程学报, 2010, 29(11): 2221-2229.

[104]薛桂霞, 王鹏. 探地雷达时域有限差分法正演模拟[J]. 物探与化探, 2006(3): 244-246.

[105]吕高, 李宁, 刘新星, 等. 公路隧道衬砌缺陷几何形态及填充物FDTD正演分析[J]. 岩石力学与工程学报, 2014, 33(7): 1415-1423.

[106]Wu Y, Shen F, Yuan Y, et al. An improved modified universal ultra-wideband antenna designed for step frequency continuous wave ground penetrating radar system[J]. Sensors, 2019(2): 12-17.

[107]杨艳青, 贺少辉, 齐法琳, 等. 铁路隧道复合式衬砌地质雷达检测模拟试验研究[J]. 岩土工程学报, 2012, 34(6): 1159-1165.

[108]杨艳青, 贺少辉, 齐法琳, 等. 铁路隧道衬砌地质雷达非接触检测模拟

试验研究[J]. 岩石力学与工程学报, 2011, 30(9): 1761-1771.

[109]杨艳青, 高永涛, 贺少辉, 等. 隧道衬砌背后积水地质雷达检测模型试验研究[J]. 中国铁道科学, 2014, 35(6): 63-69.

[110]舒志乐, 刘新荣, 朱成红, 等. 隧道衬砌空洞探地雷达三维探测模型试验研究[J]. 岩土力学, 2011, 32(S1): 560-568.

[111]李洋, 龚伦, 李涛, 等. 地质雷达分段识别技术在隧道初期支护检测中的应用[J]. 铁道标准设计, 2015, 59(1): 83-85.

[112] Wang F, He S H, Liu J, et al. Application of ground penetrating radar for quality detection of tunnel lining[J]. Advanced Materials Research, 2012(8): 503-504, 1655-1659.

[113]江玉乐, 张楠. 探地雷达在隧道工程检测中的应用[J]. 勘察科学技术, 2008(1): 58-63.

[114]张旭, 张成平, 冯岗, 等. 衬砌背后空洞影响下隧道结构裂损规律试验研究[J]. 岩土工程学报, 2017, 39(6): 175-182.

[115]袁文忠. 相似理论与静力学模型试验[M]. 成都: 西南交通大学出版社, 1998

[116]冯岗. 隧道衬砌厚度不足和背后空洞对衬砌结构安全性影响研究[D]. 北京: 北京交通大学, 2013.

[117]曲荣怀. 衬砌背后空洞对隧道围岩压力分布规律的影响研究[D]. 北京: 北京交通大学, 2014.

[118]陈俊涛. 围岩拱顶空洞对隧道稳定性影响规律研究[D]. 重庆: 重庆交通大学, 2012.

[119]李彬, 雷明锋, 李文华. 运营公路隧道病害对衬砌结构安全性的影响[J]. 铁道科学与工程学报, 2011, 8(5): 44-49.

[120]顾祥林, 许勇, 张伟平. 钢筋混凝土梁开裂后刚度退化研究[J]. 结构工程师, 2005(5): 22-25.

[121]黎霞, 高燕希, 宁黎磊, 等. 隧道衬砌介电常数试验与理论分析[J]. 中国公路学报, 2008(5): 74-78.

[122]刘新峰. 云南山区岩堆体公路隧道施工参数优化研究[D]. 昆明: 昆明理工大学, 2015.

[123] CEB-FIP Mode code for concrete structures 2010[S]. Berlin: Wilhelm Ernst & Sohn, 2010.

[124]李兆霞. 损伤力学及其应用[M]. 北京: 科学出版社, 2002.

[125]余世为, 刘成禹. 基于地震波法测定岩体弹性抗力系数[J]. 现代隧道技术, 2017, 54(1): 74-79.

[126] Kumar A, Chinnam R B, Tseng F. An HMM and polynomial regression based approach for remaining useful life and health state estimation of cutting tools [J]. Computers and Industrial Engineering, 2019(128): 1008-1014.

[127] Philip A M, Ramadurai G, Vanajakshi L.Urban arterial travel time prediction using support vector regression [J]. Transportation in Developing Economies, 2018, 4(1): 7-16.

[128] Zimmerman N, Presto A, Kumar S P, et al. A machine learning calibration model using random forests to improve sensor performance for lower-cost air quality monitoring [J]. Atmospheric Measurement Techniques, 2018, 11(1): 291-313.

[129] Gupta N, Palaniappan R, Swaminathan S, et al. Neural network classification of homomorphic segmented heart sounds [J]. Applied Soft Computing, 2007, 7(1): 286-297.

[130] Lo Y C, Rensi S E, Torng W, et al. Machine learning in chemoinformatics and drug discovery [J]. Drug Discovery Today, 2018, 23（8）: 1538-1546.

[131] Wiliński A, Smoliński A, Nowicki W. Investment funds management strategy based on polynomial regression in machine learning [C]//In Intelligent Systems for Computer Modelling, 2016: 87-97.

[132] Chang X, Lin S B, Zhou D X. Distributed semi-supervised learning with kernel ridge regression [J]. The Journal of Machine Learning Research, 2017, 18(1): 1493-1514.

[133] Reix N, Lodi M, Jankowski S, et al. A novel machine learning-derived

decision tree including uPA/PAI-1 for breast cancer care [J]. Clinical Chemistry and Laboratory Medicine (CCLM), 2019, 57(6): 901-910.

[134] Subasi A, Alickovic E, Kevric J. Diagnosis of Chronic Kidney Disease by Using Random Forest [C]//2017. DOI: 10. 1007/978-981-10-4166-2_89.

[135] Vitola J, Pozo F, Tibaduiza D, et al. A sensor data fusion system based on k-nearest neighbor pattern classification for structural health monitoring applications [J]. Sensors, 2017(17): 417-426.

[136] Islam M M , Iqbal H , Haque M R, et al. Prediction of Breast Cancer Using Support Vector Machine and *K-N*earest Neighbors [J]. IEEE, 2018. DOI: 10. 1109/R10-HTC. 2017. 8288944.

[137] Llerena C, Detlef Müller, Adams R, et al.Estimation of microphysical parameters of atmospheric pollution using machine learning [C]//International Conference on Artificial Neural Networks. Springer Verlag, 2018. DOI: 10. 1007/978-3-030-01418-6_57.

[138] Berahas A S, Nocedal J, Takác M. A multi-batch L-BFGS method for machine learning [J]. Advances in Neural Information Processing Systems, 2016(12): 1055-1063.

[139] Manogaran G, Shakeel P M, Hassanein A S, et al. Machine learning approach-based gamma distribution for brain tumor detection and data sample imbalance analysis [J]. IEEE Access, 2019(7): 12-19.